HEYNE FILMBIBLIOTHEK

von MICHAEL KERBEL

Deutsche Erstveröffentlichung

WILHELM HEYNE VERLAG
MÜNCHEN

Deutsche Übersetzung: Michael Kubiak

6. aktualisierte Auflage

Printed in Germany 1990
Umschlagfoto: Deutsches Institut für Filmkunde, Wiesbaden
Umschlaggestaltung: Atelier Heinrichs, München
Druck und Verarbeitung: Ebner Ulm

ISBN 3-453-86013-6

Inhalt

Danksagung

Mein besonderer Dank gilt Walter Dauler und Beatrice Herrmann von *Macmillan Audio Brandon* sowie Patricia Moore von *United Artists 16*, die mir in ihren Vorführräumen zu ausgiebigen Privatvorführungen verhalfen.

Für die Hilfe und tatkräftige Unterstützung möchte ich mich auch bedanken bei Thomas P. Allen, Warren und Anna Bass, Joanne D'Antonio, Robert Edelstein, Susan Gwertzman, Stephen Harvey, Foster Hirsch, William Kenly, Irving Werner, Seth Willenson und bei meinem Lektor Ted Sennett.

Schließlich möchte ich mich auch noch ganz besonders bei Charles Silver bedanken. Mit unendlicher Geduld hat er stets auf meine Fragen geantwortet und mir gleichzeitig mit seinem unerschöpflichen Wissen und Einfühlungsvermögen zu einem tieferen Verständnis der Filmkunst verholfen.

Der Herausgeber dankt Claudia Walter für wertvolle Hinweise.

Die Fotografien stammen aus der umfangreichen Sammlung Jerry Vermilyes und aus den Archiven von United Press International Photo.

Ein Mann voller Widersprüche

Im Jahre 1959 trat Paul Newman am Broadway in dem Stück *Sweet Bird of Youth (›Süßer Vogel Jugend‹)* von Tennessee Williams auf. In einer besonders eindringlichen Szene während einer Nachmittagsvorstellung rief eine Hausfrau in der ersten Reihe laut: »Hat er nicht die herrlichsten blauen Augen?«

In jenem Augenblick war die Feststellung völlig fehl am Platze, jedoch entspricht sie voll und ganz den Tatsachen. Newmans Augen sind tatsächlich von einem erstaunlich strahlenden und hellen Blau – ironischerweise sind sie dazu noch farbenblind. Sie scheinen von innen her zu leuchten und erwecken den Eindruck, so ein Journalist, als »hätten sie soeben erst ein Duschbad genommen«. Natürlich sind sie viel mehr als nur einfach schön, bezaubernd – ihr harter Ausdruck, ihre scheinbare Gefühllosigkeit haben oft als Hinweis auf den kalten Charakter ihres Besitzers gedient – doch die meisten Fans haben einfach keinen Blick für die feinen Nuancen.

Verständlicherweise fühlte Newman sich durch diese oberflächliche Betrachtungsweise in seiner Arbeit verkannt. »Wenn die blauen Augen das einzige sind, was mich auszeichnet, und nicht die Ergebnisse meiner Arbeit als professioneller Schauspieler, dann hätte ich ebensogut Gärtner werden können.« Außerdem hat er einmal gesagt: »Ich frage mich, ob ich mit braunen Augen als Schauspieler ebensoviel Erfolg gehabt hätte.«

Betrachtet man die zwei Jahrzehnte, die Paul Newman auf der Leinwand zu sehen war, muß man ihn schon für einen ganz außerordentlich erfolgreichen Schauspieler halten. Auch wenn viele ihn als die Imitation eines Brando der fünfziger Jahre abqualifizieren, hat er sich doch sehr schnell zu einem ernsthaften Schauspieler entwickelt, der in der Lage ist, eine Vielfalt von Gefühlen und Konflikten darzustellen, und das sogar in an sich unwichtigen Rollen. Im Lauf der Jahre ist er sowohl in seinen Filmen als auch privat zu einem Menschen voller Widersprüche gereift. Er ist durch und durch Individualist und entzieht sich erfolgreich jeder Analyse, eine komplexe Persönlichkeit, die sich hinter einer eher nichtssagenden Fassade versteckt.

Im Bemühen, diese Persönlichkeit hervorzuholen und zu fassen, darf man die Äußerlichkeiten nicht übersehen. Ob es ihm nun recht ist oder nicht – Newman *ist* das Idol einer ganzen Kinogeneration. Als einer der attraktivsten Männer in der Geschichte Hollywoods erinnert er mit seinem klassischen Profil, seinem sinnlichen Mund und natürlich auch mit seinen leuchtenden Augen an eine griechische Statue. Auch wenn Newman seine Bedeutung und seinen Erfolg nur anhand seiner schauspielerischen Fähigkeiten gemessen sehen will, begreift er doch gleichzeitig, daß er seiner außergewöhnlich attraktiven Erscheinung mindestens ebensoviel zu verdanken hat. Tatsächlich liebt er es, in vielfältigen Verkleidungen aufzutreten, als wolle er seine Attraktivität geradezu verstecken. Privat trägt er oft eine Sonnenbrille, zieht er sich eine Mütze tief in die Stirn und läßt sich einen Bart stehen. Zwei seiner liebsten Filme sind *Hemingway's Adventures of a Young Man* und *The Outrage* (›Exzeß‹), und in beiden Streifen ist er kaum wiederzuerkennen. Für *The Prize* (›Der Preis‹) und *Lady L.* wollte er sich einen Bart wachsen lassen. MGM verbot es ihm jedoch, weil man meinte, er könne damit sein Image ruinieren.

Newmans recht sonderlicher Wunsch, ›durchschnittlicher‹ auszusehen, ist Teil seines Bestrebens, seinen Status als Superstar zu verleugnen. Heutzutage ist es nicht ungewöhnlich, wenn die Stars dem traditionellen Hollywood mit seinem ganz speziellen Luxus den Rücken kehren – den großen Villen, den Bettdecken aus Nerz, den Auftritten bei Werbetourneen, den Interviews, Premierenfeiern, Autogrammstunden – Newman jedoch hat sich schon vom Beginn seiner Karriere im Jahre 1954 an geweigert, ›diesen Schwindel‹ mitzumachen. Seit Anfang der sechziger Jahre lebt er in Westport, Connecticut, und hat sich von Hollywood ferngehalten. Schon immer hat er sich recht lässig gekleidet und seine Meinung zu politischen Angelegenheiten offen vertreten, lange bevor es Mode war, eine politische Position zu beziehen. Und ebenso hat er von Beginn an traditionsbewußte Ratschläge mißachtet. Zum Beispiel erwartete man nie, daß ein bekannter Star eine kleine Rolle annahm. Er jedoch spielte in einer solchen Rolle im Hemingway-Film mit, weil die Gestalt, die er darstellen sollte, ihn ganz einfach reizte und er sie mochte. Außerdem ist er immer wieder auf die Bühne zurückgekehrt, um sein Können an der Reaktion der Zuschauer zu messen. Als er auf der Höhe seines Ruhmes angelangt war und sein Name Rekordumsätze an den Kinokassen versprach,

zog er sich völlig von der Schauspielerei zurück und versuchte sich als Regisseur. Überdies hat er zum Verdruß der Klatschkolumnisten immer dafür gesorgt, daß sein Privatleben wirklich privat blieb und nicht an die Öffentlichkeit gezerrt wurde. So erscheint er als ganz normaler Alltagsmensch, ein biederer Familienvater, dessen Job zufälligerweise darin besteht, ein Filmstar zu sein.

Ebenso paradox erscheint die Tatsache, daß Newman, der nun schon seit über zwei Jahrzehnten im Rampenlicht steht, behauptet, die Schauspielerei mache ihm überhaupt keinen Spaß. In seinen Augen erfordert diese Tätigkeit eine Menge Arbeit und ein hohes Maß an Selbstdisziplin. Seine Ausbildung nach der Stanislawski-Methode, so wie Lee Strasberg sie im Actors Studio weitervermittelt, zwingt ihn geradezu, nach den Motivationen und Ausdrucksformen der dargestellten Charaktere zu suchen und jede Rolle als eine Art ›Lehrstück in Sachen Persönlichkeit‹ zu betrachten. Er weist gerne auf den Unterschied zwischen einem von seinem Instinkt geleiteten Schauspieler – zum Beispiel seine Frau Joanne Woodward – und einem ›zerebralen‹ Darsteller hin, wie er selbst einer ist. »Es gibt Leute, die sind zum Schauspielen geboren und haben . . . das Talent, ganz nach Wunsch in die Persönlichkeit dessen hineinzuschlüpfen, den sie darstellen, und sich ebensoschnell wieder daraus zu lösen . . . Für mich ist die Schauspielerei mit dem Ausbaggern eines Flußbettes vergleichbar. Es ist eine harte, mühevolle Arbeit. Ich verfüge eben nicht über das Talent der Intuition. Ich gebe mich mit meiner jeweiligen Leistung niemals zufrieden und bin selbst mein schärfster Kritiker.«

Dieser fanatische Drang zur Perfektion läßt Newman völlig hinter den Charakteren verschwinden. Für den Film *Paris Blues* (›Paris Blues‹) hat er das Posaunenspiel erlernt; für *The Hustler* (›Haie der Großstadt‹) hat er seine Poolbillard-Technik perfektioniert; vor Beginn der Dreharbeiten zu *The Left-Handed Gun* (›Einer muß dran glauben‹, ›Billy the Kid‹) stieg er in den Pferdesattel und nahm an einem Viehtrieb teil; für *Hombre* (›Sie nannten ihn Hombre‹) zog er für einige Wochen in ein Indianerreservat, und ehe die Arbeit zu *Hud* (›Der Wildeste unter Tausend‹) begann, lernte er die Verhältnisse in einem Schlafhaus für Cowboys aus eigener Anschauung kennen. Schon oft hat er sich Wochen vor Drehbeginn an den Drehorten eingefunden, um sich mit der Gegend vertraut zu machen und die örtlichen Gewohnheiten und den jeweiligen Dialekt zu studieren. Zudem nimmt er sich mindestens zwei Wochen Zeit zum Proben und geht dann erst ins Studio, um mit den Dreharbeiten zu beginnen.

Einerseits ist diese Arbeitsweise charakteristisch für die Stanislawski-Methode, andererseits spiegelt sich in ihr sein Bemühen wider, die Tradition von schauspielerischen Persönlichkeiten wie Cagney, Gable, Cooper und Wayne zu durchbrechen, denen man oft nachsagte, mehr oder weniger nur ›sich selbst zu spielen‹. Immer wieder hat er ausdrücklich betont, daß ihm nichts daran liegt, stets von einer Paul-Newman-Rolle zur nächsten getrieben zu werden. Und doch stellt er seit nunmehr zwanzig Jahren immer wieder neue Variationen ein und derselben Persönlichkeit dar, wandelt er ironischerweise einen einzigen, aus seinen übrigen Filmen bereits bekannten Charakter nuancenweise ab. Mag sein, daß er sich nicht selbst spielt; auf jeden Fall zeigt er seinen Fans nahezu immer das Image, das man von ihm aufgebaut hat, und mit dem er leben muß. Und eben das hat ihn im Grunde zum Star gemacht. Alle sogenannten legendären Schauspielerinnen und Schauspieler haben ihren Erfolg der Tatsache zu verdanken, daß sie bei ihrer Arbeit dem Zuschauer kein Rätsel aufgaben, ihm lediglich neue Interpretationen bekannter Persönlichkeiten vorführten und dabei ihnen jeweiligen Images stets vollauf gerecht wurden; natürlich war es ihnen gestattet, und man sah ihnen nach, wenn sie sich von Zeit zu Zeit von ihren ›Stammtypen‹ lösten, jedoch erwartete man, daß sie sich dann wieder auf ihre Herkunft besannen und zu den Rollen zurückkehrten, die ihnen auf den Leib geschneidert und mit denen sie groß geworden waren. Mit Sicherheit hat Newman einige bemerkenswerte schauspielerische Leistungen vollbracht, jedoch mit einer verhältnismäßig engen Bandbreite. Nie hat er Rollen gespielt, auf die Fans mit Überraschung, wenn nicht sogar Ablehnung reagierten. Die Charaktere, die seine Handschrift tragen, sind klar zu erkennen und zu durchschauen.

Damit soll in keiner Weise das Vorhandensein seines außerordentlichen schauspielerischen Talents geleugnet werden, zumal nur sehr wenig Darsteller einen derart direkten Zugang zu ihren Zuschauern finden. Und noch seltener sind die, welche den jeweiligen Film erst mit ihrer Persönlichkeit prägen. Newman-Filme haben eine ganz bestimmte, eigentümliche Atmosphäre, vermitteln eine in ihrer Art kaum reproduzierbare Stimmung, ganz gleich, wie das Thema lautet, wer Regie geführt hat oder wer für das Drehbuch verantwortlich ist. Natürlich sind im Laufe seiner Karriere Drehbücher geschrieben und Filme produziert worden, die ausschließlich auf ihn zugeschnitten waren. Deshalb wurde seinem Image stets besondere Beachtung geschenkt. Nicht selten wurden andere Rollen noch während der Dreharbeiten entsprechend geändert. Als Folge von Newmans beherrschendem Einfluß wurden Texte neu geschrieben, Darstellungsweisen in Mimik und Gestik modifiziert und sogar ganze Rollen ausgetauscht oder Besetzungen geändert.

Je eingehender man sich mit Paul Newman beschäftigt, desto mehr Widersprüche lassen sich in seiner Persönlichkeit aufspüren. Offensichtlich ist das, was er auf der Leinwand darstellt, das genaue Gegenteil dessen, was er als Privatmann alltäglich lebt. Einerseits intellektueller Schauspieler, hat er andererseits in seinen Filmen sehr oft spontan handelnde, ungehemmte Menschen dargestellt. Privat eher scheu, unsicher und nervös, gehören zu seinen Glanzrollen die Verkörperungen von nicht wenigen kühl bis kalten, selbstsicheren und charmanten Typen. Für jemanden, der sich dagegen wehrt, daß sein gutes Aussehen bei allen möglichen Gelegenheiten hervorgehoben wird, hat er eine beträchtliche Anzahl von Rollen gespielt, in denen gerade dieses gute Aussehen hervorgehoben wurde. In fast allen Filmen taucht Newman irgendwann mit nacktem Oberkörper auf, und seine Heldenbrust ist mindestens ebenso zu seinem Markenzeichen geworden wie seine hellblauen Augen.

Weiterhin hat Newman, dessen Engagement und Interesse vorwiegend auf die Verwirklichung von Freiheit und Menschlichkeit gerichtet ist, eine ganze Galerie von Männern geschaffen, deren gesamte Aufmerksamkeit und Streben ganz allein auf die eigene Persönlichkeit gerichtet ist. In seinem Privatleben gehört seine ganze Liebe seiner Familie. Er ist glücklich verheiratet und hat sechs Kinder, doch nur in einem einzigen Film, *Somebody Up There Likes Me* (›Die Hölle ist in mir‹), sieht man ihn in einer Beziehung, die man halbwegs als intakte Ehe bezeichnen kann, wenn es auch nicht gerade eine segensreiche Verbindung ist. Und nur in diesem und zwei anderen Filmen, *Rally Round the Flag, Boys!* (›Keine Angst vor scharfen Sachen‹) und *The Life and Times of Judge Roy Bean* (›Das war Roy Bean‹), hat er Kinder, doch nirgendwo kann man ihnen eine innige Beziehung zu ihrem Vater anmerken. Und schließlich sind im Gegensatz zu seiner sprichwörtlichen Treue zu einer einzigen Frau, mit der er seit nunmehr fast

zwanzig Jahren zusammenlebt, die Männer, die er darstellt, vorwiegend Schürzenjäger, die es mit der Treue nicht allzu genau nehmen, die grob, gemein und besitzergreifend sind. Sie sind zur Zärtlichkeit unfähig und lassen einer Frau selten die Wertschätzung zuteil werden, die ihr gebührt; statt dessen zwingen sie ihr ihren Willen auf, beleidigen sie, benutzen sie und lassen sie dann schließlich fallen wie ein lästiges Anhängsel. Sie sehen in ihr lediglich einen Zeitvertreib und befriedigen mit ihr den eigenen Ehrgeiz.

Und gerade Ehrgeiz ist eine der Haupteigenschaften, die zu Paul Newmans Image gehören. Seine Rollen verfügen zumeist über ein geradezu vernichtendes Maß an Ehrgeiz. Einige Typen sind ganz einfach auf der falschen Seite des Lebens geboren und streben nach Reichtum und dem damit verbundenen Status. Andere wiederum sind weniger an Geld und Macht interessiert – sie sehen ihr Lebensziel darin, ein Billard-Match gegen einen besonders guten Gegner zu gewinnen, bei einem Autorennen als erster ins Ziel zu kommen oder eine als unmöglich geltende Mission durchzuführen, auf jeden Fall ist die Triebfeder die gleiche. Solche Männer drängen Liebe, Familie und Menschlichkeit und Moral fast vollkommen in den Hintergrund und streben ausschließlich ihrem Ziel zu. Sie sind arrogant, verlogen, selbstsüchtig und handeln unverantwortlich, womit sie sich sehr schnell all ihren Freunden entfremden und sich aus der Gesellschaft ausschließen.

Und doch werden sie uns nicht als eindeutig gut oder böse vorgeführt. Manchmal versieht das Drehbuch sie mit überraschend sympathischen Charakterzügen, doch meistens ist es Newmans Darstellungsweise, die es uns leicht macht, sich mit ihren weniger netten Eigenschaften zu identifizieren und die Problematik ihrer Zwänge und ihres Fehlverhaltens zu begreifen. Diese im Grunde unsympathischen Männer verfügen über das Bewußtsein, unbeliebt zu sein, und es gelingt ihnen, diese Unbeliebtheit zu ihrem persönlichen Charme umzufunktionieren. Stets verströmt Newman eine unbeschwerte Jungenhaftigkeit, eine Aura des guten Willens und einen ausgeprägten Sinn für Humor, so daß man ihn einfach liebgewinnen muß. Dabei muß man sich darüber klar sein, daß Newmans attraktives Äußeres nicht wenig dazu beiträgt, uns für ihn einzunehmen. Mag er ruhig obskure, vielleicht sogar gefährliche Typen darstellen, sein Gesicht verrät trotz allem Intelligenz und Sensibilität. Manchmal widerspricht er damit sogar der Forderung des Drehbuchs, und er erscheint im Film überhaupt nicht als der Bösewicht, der er eigentlich sein soll, doch es ist nicht leicht, sich von dem fröhlichen Hans-Dampf-in-allen-Gassen zu distanzieren, als den man Newman normalerweise kennt.

Newmans Charaktere erzeugen ein tiefes Gefühl der Zuneigung auch durch die Tatsache, daß sie meist völlig allein agieren. Der Urtypus dieser Individuen zieht sich in seine eigene Welt zurück und errichtet um sich eine unüberwindliche Mauer, einen Abwehrpanzer. Dieser Panzer wirft die zurück, die ihn durchbrechen wollen, gleichzeitig macht der Panzer seinen Erbauer zu einem einsamen, heimatlosen Menschen, der nirgendwo Wurzeln schlägt. Zudem sind diese Menschen nicht selten auch noch hoffnungslose Alkoholiker. In charakteristischen Szenen hält Paul Newman eine Bierdose in der Faust, holt er eine kleine Taschenflasche Schnaps hervor, trinkt er billigen Whisky oder starrt er ein Glas an, das er so festhält, als wäre es ein Teil seines Körpers.

Menschlicher erscheint er außerdem durch die ausgesprochene Anfälligkeit für extreme physische Gewalt. Zum Beispiel wird er in *Somebody Up There Likes Me* (›Die Hölle ist in mir‹), *Harper* (›Ein Fall für Harper‹) und *The Mackintosh Man* (›Der Mackintosh Mann‹) brutal verprügelt; in *The Hustler* (›Haie der Großstadt‹) werden ihm die Daumen gebrochen; in *Sweet Bird of Youth* (›Süßer Vogel Jugend‹) wird sein Gesicht nahezu bis zur Unkenntlichkeit zerschlagen; in *The Left-Handed Gun* (›Einer muß dran glauben‹, ›Billy the Kid‹) springt er durch ein Fenster, um sich vor einem Feuer in Sicherheit zu bringen; in *Judge Roy Bean* (›Das war Roy Bean‹) wird er an einem Lasso, das man ihm um den Hals geschlungen hat, von einem Pferd über die Erde geschleift; in *Cat on a Hot Tin Roof* (›Die Katze auf dem heißen Blechdach‹) humpelt er mit einem gebrochenen Fuß über die Leinwand; in *Cool Hand Luke* (›Der Unbeugsame‹) wird er dauernd verprügelt und gequält. Rollen dieser Art sind Newman gerade recht, denn in ihnen wird er manchmal bis zur Häßlichkeit entstellt, andererseits beweisen diese Erniedrigung und der unendliche Schmerz auch seine tiefe Verletzlichkeit und zwingen die Zuschauer geradezu, sich mit ihm zu identifizieren.

Schließlich haben vor allem die jungen Zuschauer Newmans Antihelden in ihr Herz geschlossen, denn sie symbolisieren die allgemeine Unzufriedenheit und Rebellion der Jugend der fünfziger und sechziger Jahre. Mit Filmen wie *Somebody Up There Likes Me* (›Die Hölle ist in mir‹) und *The Left-Handed Gun* (›Einer muß dran

glauben‹, ›Billy the Kid‹) begann er in der Tradition seiner Mitschüler im Actors Studio Marlon Brando und James Dean, welche durch die Darstellung junger, haltloser Rebellen groß wurden, die sich voller Fanatismus gegen die Welt auflehnen, ohne genau zu wissen, warum. Dieser Typ des jungen Protestlers verwandelte sich bald in den eines intelligenten Kritikers, der sich mehr unter Kontrolle hat und in der Lage ist, seine Anliegen klar und unmißverständlich vorzubringen – eben der Rebell, dessen Auflehnung aus dem Kopf kommt und wohl durchdacht ist. Der Unbeugsame, Chance Wayne und der ›Wildeste unter Tausend‹ sind in der Lage, genau zu erklären, was sie antreibt, und obwohl ihr Interesse weniger der Veränderung und somit Verbesserung unserer Gesellschaft gilt, verschaffte ihnen allein die Fähigkeit, sich auszudrücken und ihr Anliegen vorzubringen, die Sympathie der Jugend der sechziger Jahre.

Ende der sechziger Jahre kehrte Newman mit Charakteren wie

›Hombre‹ und ›Cool Hand Luke‹ wieder zu seinen schweigenden Rebellen zurück, jedoch mit kleinen Unterschieden. Nun war ihr Schweigen ein willkürlicher Akt. Sie wollten einfach nicht den Mund aufmachen. Sie sind in keiner Weise verwirrt und orientierungslos, sondern sie haben sich als intelligente und mündige Individuen entschlossen, sich von ihrer Umwelt und der Gesellschaft zu lösen. Sie haben kein ausgesprochenes Ziel, sondern sind zu Einzelgängern geworden, weil das für sie die einzige Chance zum Überleben ist. Daß sie praktisch als Märtyrer enden, ist im Grund unwesentlich, denn dazu kommt es gegen ihren Willen. Die Umwelt macht sie zu modernen, existentiellen Heldenfiguren. Und zumindest in der Figur des Luke aus *Cool Hand Luke* (›Der Unbeugsame‹) sahen die Zuschauer etwas Vertrautes, das sie voll und ganz auf sich und ihre eigene Rebellion beziehen konnten.

Mit Beginn der siebziger Jahre hat Newman vorwiegend politisch rechtslastige Typen gespielt wie zum Beispiel den Hank Stamper in *Sometimes a Great Notion* (›Sie möchten Giganten sein‹) oder den Richter Roy Bean; oder sogar reine Söldnertypen ohne jegliche Ideale wie den Rheinhardt in *WUSA* (›WUSA‹) oder den Helden in *The Mackintosh Man* (›Der Mackintosh-Mann‹), dessen Überlebensdrang schon übertrieben anmutet. Ihr Lebensstil und die Lebensphilosophie, die sie vermitteln, widersprechen vollständig dem, was für Newman wichtig ist, und was er selbst denkt. Doch auch die Jugend der siebziger Jahre konnte sich damit nicht anfreunden, was wahrscheinlich der Hauptgrund dafür ist, daß Newmans Anhängerschaft spürbar schrumpfte.

Doch mehr als zehn Jahre lang war er einer unser bedeutendsten Filmschauspieler. Er füllte die Lücke, die nach dem Tod James Deans und dem allmählichen Niedergang Montgomery Clifts und Marlon Brandos klaffte, der wohl wichtigsten Schauspieler, welche die fünfziger Jahre hervorgebracht hatten. Doch Newmans Erfolg läßt sich nicht nur mit dem Mangel an fähigen Konkurrenten erklären – natürlich gab es neben ihm noch viele andere aufstrebende Darsteller. Er schaffte es bis zur Spitze, weil er am besten die Unzufriedenheit und den allgemeinen Protest seiner Zeit verkörpern konnte und zudem noch über ein attraktives Aussehen verfügte, an dem es seinen Kollegen mangelte. Vom ersten Tag seines Erscheinens auf der Leinwand an war er der perfekte Antiheld und das Bindeglied zu einem schillernden Hollywood, das nach und nach in der Erinnerung seiner Bewunderer verblaßte.

Von Shaker Heights zum Broadway

Paul Newman hat eigentlich nie den besonderen Ehrgeiz verspürt, Schauspieler zu werden; so wie er es ausdrückt, ist er in diese Laufbahn eher ›hineingeschlittert‹. Ja, fast hätte er sogar den Verkauf von Sportgeräten zu seinem Lebensinhalt gemacht. Günstigstenfalls winkte ihm eine Stelle als Dozent für Theatergeschichte und Kritik in Ohio.

Die Personen, die er in seinen Filmen meistens verkörpert hat – unzufriedene junge Männer, die auf der Schattenseite des Lebens stehen oder ausgesprochene Einzelgänger sind – haben mit dem jungen Newman wenig gemeinsam. Seine Heimat war Shaker Heights, Ohio, ein verträumter, gediegener Vorort etwa acht Meilen von Cleveland entfernt – eine friedvolle, paradiesische Landschaft mit schmucken Häuschen, gepflegten Gärten und Familien der oberen Mittelklasse. In dieser komfortablen Umgebung erblickte Paul Newman am 26. Januar 1925 das Licht der Welt. Seine Eltern, Amerikaner in der zweiten Generation, waren: Arthur, Sohn deutscher Juden, und Theresa (Fetzer), die aus einer streng katholischen, ungarischen Familie stammte. Seine Mutter trat aus der Kirche aus, als Paul noch ein Kind war, und aus einem unerfindlichen Grund wurde er als Scientist erzogen, worüber er sagt, daß davon bei ihm ›nicht viel hängengeblieben sei‹. Die Familie war recht wohlhabend – Arthur betrieb ein gutgehendes Sportgeschäft in Cleveland, das zu den größten des Staates gehörte – und Paul wuchs in einer geräumigen Elf-Zimmer-Villa auf.

Daß Newman in sich gleichermaßen Männlichkeit und Sensibilität vereinigt, kann er den gegensätzlichen Naturellen seiner Eltern verdanken. Als Junge interessierte er sich ebenso wie sein Vater für den Sport. Seine Mutter jedoch, von der Newman einmal meinte, daß sie ihn manchmal an eine frustrierte Schauspielerin erinnerte, wollte, daß er zur Bühne ging. So trat er einer Kindertruppe am städtischen Theater in Cleveland bei, den ›Curtain Raisers‹. Mit acht Jahren konnte man ihn in der Rolle eines Hofnarren in dem Stück *The Travails of Robin Hood* bewundern, wo er als Solist mit einem Jodler auftrat, den sein Onkel Joe Newman, Journalist und Poet, komponiert hatte. Mit zwölf Jahren hatte er seine erste

Hauptrolle als Heiliger Georg. Daneben widmete er sich voller Eifer seinen sportlichen Aktivitäten und brachte es in der Shaker Heights High School im Football, Basketball und Baseball zu recht beachtlichen Leistungen. So überrascht es nicht, daß in vielen seiner Filme der Sport eine bedeutende Rolle einnimmt. (In *Cat on a Hot Tin Roof* (›Die Katze auf dem heißen Blechdach‹) sieht man sogar ein Foto vom jungen Newman, auf dem er einen Football in den Händen hält.)

Nach seiner Abschlußprüfung schrieb er sich 1941 im Kenyon College in Gambier, Ohio, ein. 1943 jedoch änderte er seine Pläne und meldete sich bei der Marine. Man steckte ihn in das V-12-Ausbildungsprogramm, musterte ihn jedoch vier Monate später wegen Farbenblindheit wieder aus. Während der folgenden zwei Jahre diente er als Richtschütze in Torpedoflugzeugen der Marine in Okinawa und Guam. Von akuten Einsätzen blieb er allerdings weitgehend verschont. 1946 kehrte er nach Kenyon zurück und begann mit Hilfe des Sonderprogramms für Kriegsveteranen eine Ausbildung in Volkswirtschaftslehre. Die Tatsache, daß er zum Theater stieß, schreibt Newman einem Vorfall während seines ersten Jahres an der Universität zu. Während eines jugendlichen Trinkgelages entwickelte sich ein heftiger Streit, und er mußte eine Nacht im Gefängnis verbringen. Danach wurde er aus der Footballmannschaft ausgeschlossen und hatte plötzlich eine ganze Menge Freizeit, die es auszufüllen galt. Er beschloß, in einem Theater vorzusprechen. Im Verlauf der nächsten beiden Jahre stand er in zehn Produktionen auf der Bühne und führte sogar bei einem Musical Regie und trat gleichzeitig in der Hauptrolle auf.

Newman hat zugegeben, daß er nur mit der Schauspielerei begonnen hat, weil es die einzige Möglichkeit für ihn war, Aufmerksamkeit zu erlangen. Doch gleichzeitig sei es auch ein beschwerlicher Leidensweg gewesen, zu dem er sich entschlossen hatte. »Man muß lernen, sich auf der Bühne emotional auszuziehen, sich zu prostituieren. Ich war unheimlich schlecht. Ich konnte mich einfach nicht gehenlassen, wollte gleichzeitig aber ganz verzweifelt mein Letztes geben.« 1949 beendete er sein Studium. Laut Newman ließ die Universität bei seiner Bewertung Gnade vor Recht ergehen und drückte beide Augen zu; im Jahrbuch soll er als besonders trinkfester Student aufgeführt sein. Immerhin hielt das College ihn für bedeutend genug, ihm 1962 eine Ehrendoktorwürde zu verleihen.

Gleich nach dem Examen trat er einem Repertoiretheater in Williams Bay, Wisconsin, bei. Diese Truppe spielte nur während der Sommermonate, und Newman trat in *The Glass Menagerie, Suspect* und *The Candlestick Maker* auf. Im Herbst des gleichen Jahres stieß er zu den Woodstock Players, Illinois, und war in sechzehn Stücken auf der Bühne zu sehen, unter anderen in *Cyrano de Bergerac, Icebound* und *Dark of the Moon.* Bei den Arbeiten zu *John Loves Mary*, wo er die Hauptrolle spielen sollte, lernte Newman Jackie Witte kennen, ein ausnehmend hübsches Mädchen, das ebenfalls zur Truppe gehörte. Kurz darauf, im Dezember 1949, heirateten sie. (Die Ehe dauerte bis 1956, und sie hatten drei Kinder: Scott, geboren 1951; Susan, die 1953 zur Welt kam, und Stephanie, die 1954 geboren wurde.)

Nicht lange nach der Hochzeit starb Newmans Vater, und Paul unterbrach seine Arbeit an der Bühne und kehrte nach Hause zurück, um sich um das Geschäft zu kümmern. Zwei Jahre hielt er es in dieser für ihn langweiligen Umgebung aus, dann, 1951, vermachte er seinem Bruder das Geschäft und meldete sich auf der angesehenen Yale Drama School an. »Es war weniger das innere Bedürfnis, wieder auf den Brettern zu stehen, die die Welt bedeuten, als vielmehr die Eintönigkeit des Ladens, der ich entfliehen wollte. Die dummen Fragen der Kunden hingen mir zum Hals heraus! Nach meiner Zeit in Yale hatte ich keine Flausen mehr im Kopf. Nun wußte ich, wo es lang ging, und was für ein schweres Geschäft ich mir ausgesucht hatte. Ich wollte mein Examen und den Doktor, denn ich träumte davon, nach Kenyon zurückzugehen und mich dort als Lehrer zu bewerben. Zum Schauspielen kam ich eher zufällig.« In Yale fiel er in einem Stück positiv auf, in dem er Beethovens Neffen darstellte. Von seinen Dozenten ermutigt, verließ er Yale im Sommer des Jahres 1952 und zog nach New York. Sollte er dort keinen Erfolg haben, wollte er bereits im Herbst wieder in der Schule sein.

Newman kehrte nicht mehr nach Yale zurück und sagte seiner akademischen Laufbahn für immer Lebwohl. Er brauchte sich niemals in dem traditionellen Überlebenskampf des jungen und anfangs erfolglosen Schauspielers zu bewähren. Er selbst hat immer wieder betont: »Ich hatte sehr viel Glück.« Sein Durchbruch erfolgte relativ schnell, und schon innerhalb kurzer Zeit konnte man ihn regelmäßig im Fernsehen bewundern. Er trat in Shows wie *The Web, Are You There, Danger* und *The Mask* auf. Ab September hatte er sogar seine feste Rolle in *The Aldrich Family* und erhielt dafür eine fürstliche Monatsgage von 200 Dollar. Im November schließlich gehörte er zur Besetzung von William Inges Broadway-Produktion *Picnic*.

Er hatte ursprünglich die Hauptrolle spielen wollen, den Hal Carter, doch Regisseur Joshua Logan hatte dafür Ralph Meeker vorgesehen. Newman wäre als Hal die perfekte Besetzung gewesen – ein zielloser Herumtreiber, der eine Kleinstadt aus ihrer verträumten Ruhe schreckt und einigen Frauen den Kopf verdreht. Hal verfügte über die männliche Ausstrahlung, den Sinn für Freiheit und Romantik und über die Selbstsicherheit, die Newman später in all seine Filmrollen einfließen ließ: er war auf faszinierende Weise dem Ben Quick aus *The Long Hot Summer* ähnlich. Doch Newman mußte sich mit der ganz entgegengesetzten Rolle des Alan Seymour zufriedengeben, einem schüchternen Princeton-Zögling, der jede Frau auf einen Altar stellt und im Verlauf des Stückes seine Freundin an Hal verliert.

Trotzdem war *Picnic* für Paul Newman der erste wichtige Meilenstein: kaum sechs Monate, nachdem er Yale verlassen hatte, trat er bereits in einem bedeutenden Stück am Broadway auf. Die Premiere war am 19. Februar 1953, und Newman erhielt sehr wohlwollende Kritiken. Brooks Atkinson schrieb in der *New York Times:* »Paul Newman als Collegejüngling, der vor jedem hübschen Gesicht in die Knie sinkt . . . zeigt mit Hilfe seines gekonnten Spiels, mit welchem Einfühlungsvermögen William Inge sein Stück verfaßt hat.« *Picnic* erwies sich als voller Erfolg. Vierzehn Monate stand es auf dem Spielplan und gewann schließlich den Pulitzer-Preis. Newman wurde einmal sogar für Meeker eingesetzt und spielte etwa zwei Wochen lang die Hauptrolle. Dabei fiel ihm eine junge Schauspielerin aus dem Süden auf, Joanne Woodward, die bei Bedarf in verschiedenen Rollen einspringen mußte.

Die finanzielle Sicherheit, die ihm seine feste Anstellung bescherte, ermöglichte es ihm, sich auch künstlerisch weiterzubilden. Er nahm seine Studien im Actors Studio auf, welches er für ›das beste Trainingslager für junge Schauspieler‹ in Amerika hält: »Dieser Schule habe ich alles zu verdanken, was ich als Schauspieler geworden bin.« Während der Spielzeit von *Picnic* arbeitete er unter der Anleitung von Lee Strasberg und Elia Kazan. Darüber hinaus lernte er von seinen Mitschülern im Studio: Geraldine Page, Kim Stanley, Eli Wallach, Anne Jackson und von einem jungen Mann, der ihm im Verlauf seiner späteren Karriere immer wieder begegnen sollte – James Dean.

Paul Newmans Stern stieg stetig. Die Zeitschrift *Theatre World* wählte ihn neben Geraldine Page zum vielversprechendsten Nachwuchsstar des Jahres 1953. Und was für ihn noch wichtiger war – Warner Brothers wurden auf ihn aufmerksam und boten ihm einen Sieben-Jahres-Vertrag an. Newman beschloß, bereits vor der Amerika-Tournee von *Picnic* aus der Truppe auszusteigen. Er war jetzt dreißig Jahre alt und befand sich an dem Punkt, wo man die wesentliche Entscheidung zu treffen hat, ob man seine Karriere in Angriff nimmt oder das Risiko eingeht, eines Tages vor dem Nichts zu stehen. Im Verlauf dieses für ihn so wichtigen Frühlings des Jahres 1954 packte Paul Newman seine Siebensachen und machte sich auf den Weg nach Hollywood.

Im Schatten von Brando und Dean

Sehr bald schon lernte Newman die Schattenseiten seines schnellen Erfolges kennen. Kaum hatte er sich bei Warners gemeldet und sich häuslich eingerichtet, als man ihn für einen eher bizarr anmutenden Dekorationsschinken mit religiösem Anspruch in die Studios trieb. Der Titel des Epos: *The Silver Chalice* (›Der silberne Kelch‹). Als Vorlage diente ein Bestseller von Thomas B. Costain. Regie führte Victor Saville, der soeben erst einen Mickey-Spillane-Streifen abgedreht hatte. Das neue Viereinhalb-Millionen-Dollar-Kostüm- und Dekorationsdrama jedoch arbeitete mit einem Drehbuch, das noch mieser war als die Mickey-Spillane-Vorlagen, und mit Kulissen, die DeMille kaltlächelnd auf den Müll geworfen hätte. Es handelte sich dabei um einen der ersten Cinemascope-Filme des Studios, und er bot als Inhalt lediglich einen Abklatsch von Fox' *The Robe* (›Das Gewand‹), dem ersten Cinemascope-Film überhaupt, der 1953 mit bemerkenswertem Erfolg gelaufen war. Gezeigt werden die Erlebnisse einer Gruppe Christen, die zwanzig Jahre nach dem letzten Abendmahl den Heiligen Kelch Christi retten wollen. Das anscheinend religiöse Thema diente als Kulisse für Abenteuer, Liebe und die typische Pseudofrömmigkeit Hollywoods. Die absurden Dialoge, lächerlichen Kostüme und schlampig hingehauenen Kulissen machten diesen Film ungewollt zu einem Avantgardeprodukt seiner Zeit. Ein Kritiker formulierte seinen Eindruck recht treffend und schrieb: »Es gibt in dem Streifen Szenen, auf die selbst die Marx Brothers hätten stolz sein können, vor allem Groucho hätte seine Freude daran gehabt.«

Da Newman von vornherein die Hauptrollen spielte, blieb es ihm weitgehend erspart, sich über unwichtige Nebenrollen nach oben zu arbeiten, doch auch der Platz an der Sonne hatte seine Nachteile. Er spielte einen jungen griechischen Silberschmied, der von einem Sklavenhändler gefangen und verkauft wird. Die Christen bitten ihn, einen identischen Kelch zu schmieden, und er wird im Lauf des Films in wilde Kämpfe und ausschweifende Orgien verwickelt. Schließlich muß er sich entscheiden zwischen der höfi-

›The Silver Chalice‹ – ›Der silberne Kelch‹ (1954); als Basil.

schen Welt, verkörpert durch eine Kurtisane (Virginia Mayo), und der christlichen Welt, die von seiner jungen, unschuldigen Frau (Pier Angeli) dargestellt wird. Überdies taucht in dem Film auch noch ein undurchsichtiger Magier (Jack Palance) auf, der den Kelch zerstören und seine eigene Religion begründen will. Er beschließt, die Wunder Christi mit Hilfe Schwarzer Magie zu wiederholen. Beim Finale will Palance sogar noch beweisen, daß er wirklich ein Gott ist, indem er zu fliegen versucht!

Warners, die wohl auf den guten Willen der Kritiker hofften, kein Schlachtfest zu veranstalten, ließen die Katastrophe in Zelluloid zu Weihnachten 1954 in den Kinos anlaufen, doch von Wohlwollen gegenüber den Produzenten war wenig zu spüren. Der Film wurde von allen Seiten angegriffen und vernichtend besprochen, desgleichen Newman, der seine typischen Eigenschaften auch in dieser Rolle wenigstens andeutungsweise zeigt, letztendlich jedoch genauso schlecht ist wie das Material, mit dem er arbeiten mußte. Ein Kritiker des *New Yorker* beschrieb es so: »Paul Newman bringt seine Dialoge mit der gleichen Hingabe, mit der ein Straßenbahnschaffner die Stationen ausruft.« Natürlich war Newman die ideale Besetzung für die Rolle des Griechen, immerhin verfügte er über das entsprechende klassische Profil, doch es war eine ganz andere Ähnlichkeit, die nahezu jedem auffiel, der sich den Film ansah. Der *New York World Telegram* beschrieb ihn als »den neuen Jungen, Jack (sic) Newman, der eine ganz erstaunliche Ähnlichkeit mit Marlon Brando hat, allerdings mit einem müden und lustlosen Brando.« Und in dieser Art ging es weiter: Man nannte Newman einen ›blonden Brando‹, ›einen Aushilfsbrando‹, einen ›nachgemachten Brando‹.

Das ist im Filmgeschäft an sich nicht neu. Auch Newman hat einmal gesagt: »So etwas bleibt nie aus. Früher oder später muß sich jeder Neuling in Hollywood anhören, daß er jemand anderen kopiert.« Newman jedoch gab sein Filmdebüt zu einem ausgesprochen ungünstigen Zeitpunkt. 1954 war das Jahr von *The Wild One* (›Der Wilde‹) und *On the Waterfront* (›Die Faust im Nacken‹), und Brando stand auf der Höhe seiner Popularität. Seine geradezu fanatischen Verehrer waren die zahlreichen Imitatoren leid – diese schwermütigen, unzufriedenen Typen aus dem Actors Studio, die in Scharen in Hollywood einfielen. Andererseits kursierten auch eine Menge Witze über Brando, und für viele bedeutete ein ›neuer Brando‹ nur einen weiteren Nuschler, den man sich am besten er-

›The Silver Chalice‹ – ›Der silberne Kelch‹ (1954); mit Virginia Mayo.

sparte. Newman hat sich berechtigterweise schon immer über das aufgeregt, was er ›schlampigen Journalismus‹ nennt – eine Praxis, welche die Qualität von Schauspielern allein nach deren Aussehen beurteilt – und sein brennender Wunsch, nur an seinen Fähigkeiten gemessen zu werden, muß aus dieser sehr frühen und unschönen Erfahrung herrühren. Er hörte nicht auf, empfindlich zu reagieren, wenn die Leute ihn auch weiterhin mit Brando verglichen, was noch bis 1958 gern gemacht wurde.

The Silver Chalice (›Der silberne Kelch‹) beendete beinahe Paul Newmans Filmkarriere, kaum daß sie begonnen hatte, und heute bezeichnet er diesen Streifen als »den schlechtesten Film, der je in den fünfziger Jahren gedreht wurde«. Mehr noch, er empfindet ihn ganz einfach als peinlich. Als man den ›Kelch‹ für eine ganze Woche bei einem Sender in Los Angeles ins Fernsehprogramm aufnahm, ließ Newman eine Zeitungsanzeige drucken. Sie war aufgemacht wie eine Todesanzeige und verkündete: *Paul Newman drückt hiermit sein tiefes Bedauern zu jedem Fernsehabend auf Kanal 9 aus!* Wie man sich denken kann, verhalf dieser Hinweis dem Film gerade zu besonderer Popularität und lockte die Leute vor die TV-Geräte. Daher hatte der Streifen eine der höchsten Sehbeteiligungen in der Fernsehgeschichte von Los Angeles. Newman meint dazu: »Ich wußte nicht, was ich sonst hätte tun sollen. Eigentlich sollte das alles ein Witz sein. Zugegeben, ein teurer Witz, aber auf jeden Fall lustig.«

1954 allerdings fand er den Film nicht ganz so lächerlich. Nachdem er ihn sich angeschaut hatte, schickte er seinem Agenten ein Telegramm: »Sieh zu, daß ich schnellstens zurück an den Broadway komme!« Ebenso wie Bette Davis in ihren frühen Tagen lehnte er sich gegen die Politik bei Warners auf und bestand darauf, sich aus eigener Kraft um sein Fortkommen zu kümmern. Andernfalls müßte er damit rechnen, immer wieder Rollen verpaßt zu bekommen, in denen lediglich seine Attraktivität und seine Sinnlichkeit als Mann gefordert wurde und seine schauspielerische Begabung in Vergessenheit geriet. Daher verließ er, obwohl er immer noch unter Vertrag stand, die Traumstadt Hollywood und war entschlossen, nicht eher zurückzukehren, als bis er finanziell unabhängig oder künstlerisch so angesehen war, daß er sich seine Rollen aussuchen konnte. Eines zumindest hatte er sich zudem noch geschworen: Nie mehr würde er in einem Dekorationsfilm mitspielen.

Und schon wieder hatte er sprichwörtliches Glück, denn am 18. Februar 1955, weniger als zwei Monate nach der Premiere von *The Silver Chalice* (›Der silberne Kelch‹), trat er wieder am Broadway auf, und zwar in einem Stück, das wahrscheinlich seine Karriere rettete. Es war *The Desperate Hours* (›An einem Tag wie jeder andere‹) von Joseph Hayes, ein Thrillerdrama. Als Glen Griffin, brutaler und skrupelloser Anführer einer Bande von ausgebrochenen Zuchthäuslern, die eine amerikanische Durchschnittsfamilie terrorisieren, stahl Newman seinen Kollegen praktisch die Show. Er mochte das Stück, denn die Rolle entsprach gar nicht seinem Typ und hätte eher zu Bogart gepaßt. Obwohl in dem Stück weniger

›The Desperate Hours‹ (1955); mit Karl Malden und Nancy Coleman.

philosophiert wurde und die Spannung mehr im Vordergrund stand, erinnerte es an *The Petrified Forest* (›Der versteinerte Wald‹). Der Regisseur Robert Montgomery gab ihm die Hauptrolle vor allem wegen seines Aussehens. Er dachte sich, ein Bösewicht wäre um so furchterregender, je attraktiver er aussähe. (In der Filmversion von *The Desperate Hours* (›An einem Tag wie jeder andere‹), einer mehr konventionellen Interpretation der Vorlage, sehen wir Bogart in der Hauptrolle.) So wurde ein Image begründet – der Adonis als Symbol des Bösen – an dem Newman in Zukunft eifrig arbeiten sollte. Und noch einen anderen Typ zeigt uns das Schauspiel, der in späteren Filmen immer wiederkehren sollte: den jungen Mann, der den Haß auf seinen Vater auf seine gesamte Umwelt überträgt.

Das Schauspiel bekam ausgezeichnete Kritiken. John Chapman von den *New York Daily News* schrieb: ›Die bemerkenswerteste schauspielerische Leistung ist die von Paul Newman . . . er ist böse, neurotisch allzeit präsent und reizbar wie eine Giftschlange – kurz, er hat ein perfektes Stück Arbeit abgeliefert . . . eindringlicher und genauer als er hätte niemand das Tier im Menschen darstellen können . . . eine Darbietung, die einen gefangennahm und die man so bald nicht vergessen wird.‹ Bereits im März wurde Paul Newman als Star auf den Besetzungslisten aufgeführt.

Und zur gleichen Zeit bekam er auch die Bewunderung seiner Fans hautnah zu spüren, die ihn auf seinem ganzen späteren Weg noch begleiten sollte. Es gab schon damals weibliche Teenager, die das Schauspiel mindestens ein dutzendmal gesehen hatten und sich allabendlich am Bühneneingang aufstellten und auf ihr Idol warteten.

The Desperate Hours (›An einem Tag wie jeder andere‹) stand sechs Monate auf dem Spielplan – genau bis zum 16. August. Während dieser Zeit ging Paul Newman zweimal in der Woche ins Actors Studio und bemühte sich auch weiterhin um lukrative Fernsehrollen. Einen Monat, nachdem er endlich seine Rolle als wahnsinniger Killer abgelegt hatte, stellte er in der von NBC produzierten Musical-Version des Schauspiels *Our Town* (›Unsere kleine Stadt‹) einen aufgeweckten, siebzehnjährigen High-School-Studenten dar. Frank Sinatra stand als Erzähler auf der Bühne, und als Co-Star war Eva Marie Saint zu bewundern, die kurz vorher einen Oscar für ihre Rolle in *On the Waterfront* (›Die Faust im Nacken‹) bekommen hatte. Newmans Auftritt neben einer erfolgreichen

Brando-Kollegin legte natürlich wieder die entsprechenden Vergleiche mit seinem ›Vorbild‹ nahe, was übrigens sein Auftritt neben Karl Malden in *The Desperate Hours* ebenso bewirkt hatte.

Aber es war ein anderer, in dessen Schatten Newman seine Karriere aufbaute. Am 30. September 1955 kam James Dean bei einem Autounfall ums Leben, kurz bevor er in einer Fernsehproduktion von Hemingways *The Battler* auftreten sollte. Man überredete Newman, der für die Rolle des jungen Nick Adams vorgesehen war, Deans Part zu übernehmen und ›einen hirnlosen, alten Penner mit zerschlagenem Gesicht‹ zu spielen. Das Fernsehspiel, im Oktober von NBC unter der Regie von Arthur Penn produziert, zeigte den Boxer mit zwanzig als unbezwingbaren Sieger, mit dreißig als notarisch kriminellen Gefängnisinsassen und als versoffenen Landstreicher mit vierzig. Da es sich um eine Livesendung handelte und das Stück nur eine Stunde dauerte, hatte die Maskenbildnerin alle Hände voll zu tun, Newman in dieser Zeit schrittweise in ein Monstrum mit Blumenkohlohren, eingeschlagener Nase und schiefhängendem Mund zu verwandeln. Newman gefiel diese Rolle so gut, daß er sie 1962 in *Hemingway's Adventures of a Young Man* noch einmal spielte.

Doch Deans indirekter Einfluß wirkte sich noch viel nachhaltiger aus; denn an diesem Abend saßen auch Robert Wise und Charles Schnee vor dem Bildschirm und schauten sich das Fernsehspiel an. Sie steckten mitten in den Planungen für die Produktion eines Film über ›Rocky‹ Graziano, der auf dessen Autobiographie *Somebody Up There Likes Me* basieren sollte. Ironischerweise hatte man Dean auch für diesen Film vorgesehen. Newman hinterließ auf Wise und Schnee einen derart nachhaltigen Eindruck, daß sie ihm Deans Rolle anboten. Obwohl er bei Warners immer noch unter Vertrag stand, ›lieh‹ man ihn jedoch für diesen einen Film an MGM aus. Da *The Silver Chalice* (›Der silberne Kelch‹) schon fast in Vergessenheit geraten war, und Produktionschef Dore Schary sich nachhaltig für Newman einsetzte, kehrte Newman im Oktober wieder nach Hollywood zurück.

Die Dreharbeiten sollten im Januar beginnen, doch Ende 1955 löste Glenn Ford seinen Vertrag für den MGM-Film *The Rack* (›Anklage: Hochverrat‹), und man besann sich erneut auf Paul Newman und bescherte ihm eine weitere Rolle, die er für jemand anderen übernehmen sollte. In diesem Film, das Drehbuch stammt von Stewart Stern nach einem Fernsehspiel von Rod Serling, spielt

›The Rack‹ – ›Anklage: Hochverrat‹ (1956); mit Anne Francis.

Newman einen Captain der US-Armee, der nach zwei Jahren Aufenthalt in einem Kriegsgefangenenlager in Korea in die Staaten zurückkehrt und dort gleich nach seiner Ankunft wegen Verrat und Kollaboration angeklagt wird. Vorwiegend beschäftigt der Film sich mit der Verhandlung vor dem Militärgericht, in dessen Verlauf sich herausstellt, daß der Captain sich tatsächlich mit seinen Feinden arrangiert hat, allerdings nach entsprechend grausamer Gehirnwäsche. Da der Captain aber zugibt, während dieser Behandlung niemals vollständig zusammengebrochen zu sein, wird er für schuldig befunden und verurteilt. Der Film deutet jedoch an, daß auch die Gesellschaft für das Verhalten des Verurteilten verantwortlich zu machen ist, da sie die Soldaten nicht gründlich genug auf die Schrecken vorbereitet, die sie gegebenenfalls in einem Krieg erwarten.

Von seinem ersten Auftritt in einem Rollstuhl, um von einem Psychiater befragt zu werden (wobei er unwillkürlich an Brando in *The Men* (›Die Männer‹) erinnert), über die eindringlichen Szenen mit seinem Vater (Walter Pidgeon), einem harten, gefühlskalten Karriereoffizier, bis zu dem erschütternden Geständnis liefert Newman das Bild eines grüblerischen, nervösen und introvertierten Mannes, der sich permanent in einem emotionalen Schockzustand befindet. Bestimmte Manierismen, die Newman in all seinen folgenden Filmen zeigt, tauchen hier zum erstenmal auf, und wenn sie stellenweise auch etwas übertrieben wirken, so verfehlen sie doch nicht ihre Wirkung: Seine strahlenden Augen, die nervös bebenden Lippen und das hastige Zwinkern seiner Augen; seine Gewohnheit, sich immer wieder an den Kopf zu fassen und sich zu kratzen, das Senken des Kopfes, wenn er angesprochen wird, und die Hand, die er sich vor den Mund hält, wenn er spricht. All das weist auf einen Mann hin, der unter der Last seiner Schuld fast zusammenbricht und eingeschlossen in einer Welt aus Scham und schrecklichen Erinnerungen lebt.

Newman ist am besten während der Verhandlung, wenn er das Grauen des Gefangenenlagers beschreibt. Blicklos starrt er ins Leere und berichtet von seinen Erlebnissen mit einer leidenschaftlosen, fast gleichgültigen Stimme, um nicht schließlich doch noch unter dem Ansturm seiner eigenen Erinnerungen zusammenzubrechen. Doch schließlich kann er den Schmerz nicht mehr unterdrücken, und er weint, als wieder die Angst in ihm aufsteigt, die Angst vor der Einsamkeit, die ihn erst dazu gebracht hat, sich dem Willen seiner Peiniger zu beugen – einer Angst, die ihren Ursprung in seiner Kindheit hat, als seine Mutter starb und sein Vater nie hinreichend Zeit für seinen Sohn hatte. Verzweifelt schreit er: »Mein Vater hat mich nie geküßt!«

So ist dieser Film im Grunde eine Darstellung der Entfremdung zwischen dem Kind und seinen Eltern, womit man ihn gemeinsam mit Deans *Rebel Without a Cause* (›. . . denn sie wissen nicht, was sie tun‹) (übrigens wurde das Drehbuch zu diesem Film ebenfalls von Stern geschrieben) und *East of Eden* (›Jenseits von Eden‹) in die Tradition der Filme der Mittfünfziger Jahre einreihen kann. Das Grundthema sollte auch in späteren Filmen Newmans des öfteren auftauchen: In *Somebody Up There Likes Me* (›Die Hölle ist in mir‹) über *Cat on a Hot Tin Roof* (›Die Katze auf dem heißen Blechdach‹) und anderen sowie *Hud* (›Der Wildeste unter Tausend‹) spielt er Männer, die mit ihren problematischen Beziehungen zu ihren Vätern oder Vaterfiguren nicht fertig werden. Unter diesem Aspekt ist die stärkste Szene in *The Rack* (›Anklage: Hochverrat‹) der Moment, als der Vater sich bemüht, seinem Sohn näherzukommen und seine Fehler wieder gutzumachen. Nach der Verlesung des Urteils sitzen die beiden Männer im Auto. Newman starrt stumm vor sich hin und scheint nicht bereit zu sein, die Barriere zwischen ihm und seinem Vater einzureißen. Er versteift sich, als sein Vater ihm einen Arm um die Schultern legt, gibt jedoch schließlich nach, als sein Vater sich herüberlehnt und ihn auf die Wange küßt. Das ist die bedeutendste Sequenz des Films. In diesem Moment erringt der Soldat, der überall sonst verloren hat, einen ganz persönlichen Sieg.

MGM ließ *The Rack* (›Anklage: Hochverrat‹) ganz bewußt nicht landesweit, sondern nur in einigen ausgewählten Städten anlaufen. Man rechnete sich aus, daß dieser an sich triste Film sicherlich mehr Erfolg hätte, wenn man ihn erst nach der Graziano-Story in die Kinos brächte, denn jedermann in der Branche ahnte damals, daß die Rolle des Rocky Graziano Paul Newman zum Star machen würde. Es gab eine Menge Werbung und PR-Aktionen für *Somebody Up There Likes Me* (›Die Hölle ist in mir‹). Eine Pressemeldung berichtete (reichlich ungenau), daß man Newman auf der Suche nach dem passenden Schauspielertyp für die Rolle des Boxers erst nach acht Monaten gefunden habe. Und in Zeitungsanzeigen konnte man lesen: *MGM präsentiert einen überaus wichtigen Film!* Man bezeichnete Newman als den Star des Films und hoffte, daß auch die Zuschauer ihn als Star entdeckten und annahmen.

Mit der ihm eigenen Ernsthaftigkeit bereitete Newman sich auf die Rolle vor, indem er eine ganze Woche mit Graziano verbrachte, und seine Art zu reden, sich zu bewegen und aufzutreten studierte. Als der Film in die Kinos kam, drängte sich Newmans Ähnlichkeit mit Brando geradezu auf. Nicht nur glich er ihm rein äußerlich, sondern wenn er redete, klang er sogar wie Brando in seinen Filmen *On the Waterfront* (›Die Faust im Nacken‹), wo er ebenfalls einen Boxer verkörperte, und *A Streetcar Named Desire* (›Endstation Sehnsucht‹). Brando jedoch, der mit Graziano befreundet war, hatte sich mit der Persönlichkeit Grazianos beschäftigt, bevor er in *Streetcar* am Broadway auftrat. Obwohl Newman sich lediglich bemühte, Graziano möglichst genau zu imitieren, nahm man ironischerweise an, daß er sich Brando als Vorbild ausgesucht hatte!

Und Newman schaffte es perfekt, Graziano in seiner ganzen Vielschichtigkeit einzufangen: der rauhe italienische Akzent im New Yorker Slang; das Nuscheln; die Temperamentsausbrüche; der federnde Gang; die hochgezogenen Schultern und die schlurfenden Füße. Er steckt voller nervöser Energie, wischt sich Mund und Nase mit der bloßen Hand ab, massiert andauernd seine Hände, kratzt sich im Nacken und tänzelt herum, als stünde er im Ring. Diese dauernde Unruhe – selbst im Sitzen kann er nicht ruhig bleiben – signalisiert eine explosive Energie, die sich im Grunde nur im Kampf austoben kann, und damit steht er im krassen Gegensatz zu der mehr lässigen, trägen Darstellungsweise Brandos und Deans.

›The Rack‹ – ›Anklage: Hochverrat‹ (1956); mit Edmond O'Brien (Mitte) und Wendell Corey (rechts).

Die Rolle enthält eine Menge Showelemente und bietet Newman die Möglichkeit, einmal einen extrovertierten Menschen darzustellen, einen völlig anderen Typ, als in *The Rack* von ihm gefordert wurde.

Während er als Soldat einen Typ darstellte, der vorwiegend von seinem Intellekt gesteuert wird, war sein Rocky eine fast tierhafte Kreatur, ein vom Instinkt geleitetes Wesen.

Regisseur Wise und Drehbuchautor Ernest Lehman beschäftigten sich ausgiebig mit Grazianos Kindheit in den Slums der East Side in New York, wo er unter Gangstern und Ganoven auf der Straße aufwuchs. Sein Vater (Harold J. Stone), ein unzufriedener drittklassiger Ex-Boxer, ertränkt seine Enttäuschungen im Alkohol und prügelt seinen Sohn andauernd; Grazianos Mutter (Eileen Heckart) ist ein unglückliches, nervöses Wrack. Als Folge dieser Behandlung wird Rocky zu einem brutalen Kriminellen, der die meiste Zeit seiner Jugend in Erziehungsheimen und Gefängnissen verbringt. Reizbar, streitsüchtig und allzeit bereit, seinen Willen allein mit den Fäusten durchzusetzen, erscheint er als aussichtsloser Fall. Nicht einmal die Armee schafft es, ihn zu bändigen – er legt sich mit einem Offizier an, verprügelt ihn und wird von einem Disziplinargericht zu Zwangsarbeit verurteilt –, doch im Gefängnis lernt er, daß er von seinem Haß auf die Menschheit seinen Lebensunterhalt bestreiten kann, wenn er nämlich seine Wut ganz allein auf einen Gegner konzentriert, mit dem er in den Ring steigt. Er beginnt eine erstaunliche Karriere als Boxer, heiratet eine reizende Frau, Norma (Pier Angeli), und macht sich in der Welt der Gesetzestreuen einen Namen, indem er es bis zum Weltmeister im Mittelgewicht schafft.

Die Story des Films liegt ganz klar auf der Linie vieler Filme der fünfziger Jahre, die sich mit individueller Rebellion und Jugendkriminalität beschäftigen. Newmans Darstellung des Rocky als verstockter, unzugänglicher Teenager ähnelt Brandos Motorradfahrer in *The Wild One* (›Der Wilde‹), der sich ebenso gegen alles auflehnt, was Ordnung darstellt. Doch im Gegensatz zu Brandos Helden entwickelt Rocky sich von einem wild um sich schlagenden Rebellen zu jemandem, der ein klares Ziel vor Augen hat – es in der Gesellschaft der Arrivierten zu etwas zu bringen –, und in diesem Bestreben unterscheidet er sich kaum von den anderen Charakteren, die Newman in seinen späteren Filmen darstellte.

Die Eltern-Kind-Beziehungen, wie man sie auch schon in *Rebel*

Without a Cause (›. . . denn sie wissen nicht, was sie tun‹) nachvollziehen kann, spielen auch in anderen Newman-Filmen eine wesentliche Rolle. In *The Rack* (›Anklage: Hochverrat‹) sagt Newman einmal, er sei »zur einen Hälfte die Enttäuschung meines Vaters, zur anderen die Hoffnung meiner Mutter«, und die Situation ist in *Somebody* im Grunde die gleiche. Seinem gewalttätigen Vater völlig entfremdet, macht er sich auf den Weg, ›um es zu etwas zu bringen‹ und legt sich mit der ganzen Welt an. Die abschließende Begegnung zwischen ihnen, in deren Verlauf beide ihre Verantwortung füreinander begreifen und sich darüber klarwerden, daß sie sich gegenseitig brauchen, ist eine der Kernszenen. So wie sie sich unbeholfen näherkommen und sich umarmen, könnte man glauben, eine leicht abgewandelte Version der Auto-Szene aus *The Rack* (›Anklage: Hochverrat‹) mitzuerleben. Eine ähnlich anrührende Szene ist der Besuch seiner Mutter im Gefängnis, wo sie ihn auffordert, sich selbst zu helfen und aus dem Dreck zu ziehen. Hier wird die Konfrontation zwischen Mutter und Sohn in *Cool Hand Luke* (›Der Unbeugsame‹) vorweggenommen, nur mit dem Unterschied, daß sich Mutter und Sohn in *Luke* darüber klar sind, daß der Rebell sich nicht ändern kann, während in *Somebody* immer noch Hoffnung besteht, daß Rocky das Blatt seines Lebens wendet.

MGM wollte aus Rocky anfangs eine eher komische Figur machen, doch Newman sträubte sich gegen dieses Konzept: »Einer Witzfigur nimmt man niemals ab, wenn sie plötzlich die Fetzen fliegen läßt. Rocky mußte noch mehr sein als ein armes, mißverstandenes Kind. Er mußte brutal sein, denn ihm ging es einzig und allein um das nackte Überleben.« Trotzdem gibt es Szenen, in denen er wie ein Clown auftritt und die Gewalttätigkeit und Reizbarkeit zum Teil abmildert und somit zu einer sympathischeren Figur wird. Newman stellt ebenso überzeugend auch die tapsigen Versuche Rockys dar, Norma zu umwerben und ihr Zärtlichkeit zu geben. In späteren Filmen sollte er noch oft Männer spielen, die nahezu unfähig sind, ihrer Zärtlichkeit und ihren Gefühlen Ausdruck zu verleihen, auch wenn sie nach außenhin selbstsicher wirken und entsprechend auftreten. Rocky wird auch noch liebenswerter durch seine rührende Fürsorge für einen Zellengenossen im Gefängnis (Sal Mineo), der in ihm die so lange entbehrte Vaterfigur gefunden hat. Eine ähnliche Beziehung besteht zwischen Dean und Mineo in *Rebel Without a Cause.*

Somebody Up There Likes Me (›Die Hölle ist in mir‹) lief im

Sommer 1956 landesweit an und erhielt enthusiastische Kritiken, die sich vor allem auf Newman konzentrierten. William K. Zinsser von der *New York Harald Tribune* sagte voraus: »Newman müßte es mit dieser Rolle eigentlich geschafft haben und zu den großen Filmstars gehören.« Sein neuer Status als aufgehender Stern am Filmhimmel ließ ihn besonders wählerisch werden und bei Warners nur noch gute Rollen annehmen. In der Zwischenzeit trat er in Fernsehspielen auf und war in vielen zum Teil gegensätzlichen Rollen zu sehen. In *Bang the Drum Slowly* (1973 verfilmt) stellte er einen Baseball-Spieler dar, der einem Mannschaftskameraden hilft, seine Krankheit vor seinen Teamgefährten geheimzuhalten; in *The Rag Jungle* schlug er sich mit Gangsterrackets in der Bekleidungsindustrie herum; in *The Five Fathers of Pepi* war er einer der fünf italienischen Kaufleute, die sich in die Sorge und Erziehung eines Waisenkindes teilen.

The Rack (›Anklage: Hochverrat‹) ging schließlich im November in die Kinos, und Newman vereinigte sämtliche guten Kritiken fast ausschließlich auf sich. Anfang 1957 kehrte er zu Warners zurück und pflegte immer noch seine Rolle als Rebell gegen Gott und die Welt. Am ersten Drehtag für seinen neuen Film ließ er von sich ein Foto machen, das ihn zeigt, wie er auftaut, als habe er die ganze Zeit in einer Tiefkühlkammer gelegen. Er schickte es an den Studiochef Jack L. Warner und legte eine Notiz bei: *Paul Newman, der wegen seines ›Erfolges‹ in The Silver Chalice (›Der Silberne Kelch‹) für zwei Jahre auf Eis lag, wurde schließlich von Warner Brothers wieder unter die Lebenden geholt und soll den skrupellosen Gangster in The Helen Morgan Story spielen.* Dem Regisseur Michael Curtiz und seinem Produzenten schickte er darüber hinaus je eine Peitsche, die ›sie benutzen sollten, falls er schwierig würde‹.

Man fragt sich, warum Newman ausgerechnet für diesen Film wieder zu Warners zurückkehrte, handelte es sich doch um eine typische Hollywood-Biographie, die das Leben eines Künstlers zu einer Kitschstory umdeutete. In dem Film wird der Niedergang der Helen Morgan (Ann Blyth) erzählt, die wegen ihrer zahlreichen unglücklichen Affären zur Alkoholikerin wurde. Vor allem zerbrach sie an der Liaison mit Larry Maddux (Newman), einem rück-

›Somebody Up There Likes Me‹ – ›Die Hölle ist in mir‹ (1956); mit Pier Angeli.

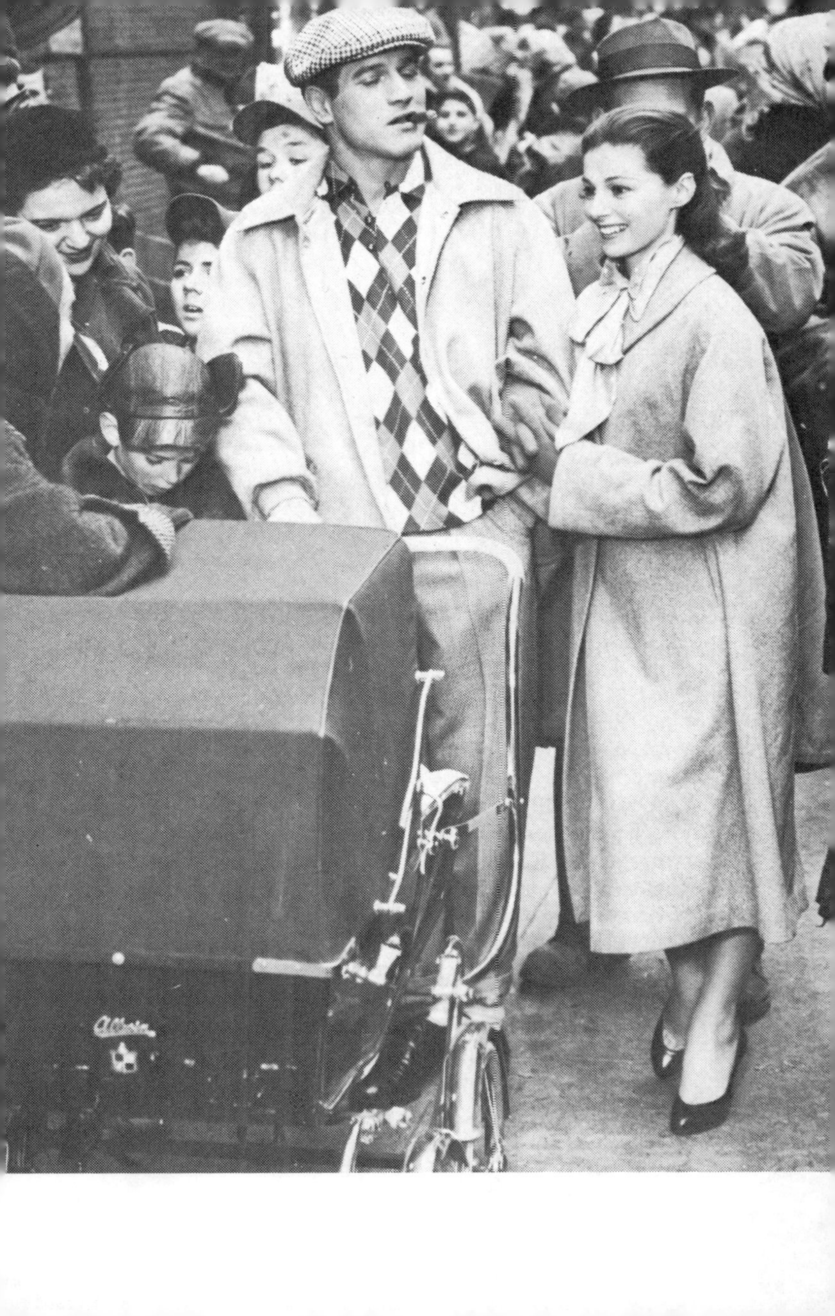

›Somebody Up There Likes Me‹ – ›Die Hölle ist in mir‹ (1956); mit Everett Sloane.

sichtslosen Alkoholschmuggler der Prohibitionszeit. Larry ist eine im Grunde eindimensionale und letztendlich unglaubhafte Persönlichkeit, doch er verfügt über Qualitäten, die Newman in späteren Filmen noch verfeinert: Er ist ein Opportunist, rücksichtslos und ein hervorragender Redner; ein Mann, der auf der Schattenseite des Lebens steht, sich aber aus diesem Milieu lösen und etwas Besseres werden will. So wie andere Charaktere, die Newman verkörperte, steht er außerhalb der Gesetze – er hat sich als Gangster und Betrüger einen Namen gemacht –, und besondere Bedeutung erhält unter diesem Aspekt die Tatsache, daß Curtiz schon bei Filmen mit Cagney, Bogart und anderen ›harten Burschen‹ in der goldenen Warners-Ära Regie geführt hatte. Außerdem ist Larry der erste Frauenheld, den Newman darstellt – eigenbrötlerisch, rüde, besitzergreifend, gleichzeitig aber unwiderstehlich charmant und sexy. Es gelingt ihm, Helen zu verführen und dabei weiterhin sein bösartig zynisches Verhalten an den Tag zu legen. Schließlich läßt er sie fallen, nur um wenig später wieder zu ihr zurückzukehren und sie endgültig zu ruinieren. Bestenfalls ist er zu der Aussage fähig: »Weißt du, Helen, ich liebe dich eben auf meine Weise!« Zum Schluß bessert er sich dann, wenn diese Wandlung auch wenig überzeugend ist.

Weder *The Helen Morgan Story* noch Newman kamen bei den Kritikern gut an, und er sagt heute noch, daß er sich manchmal bemüht, diesen Film aus seiner Erinnerung zu streichen. 1957 zumindest hatte er wenig Gelegenheit, noch lange über seine Leistung nachzudenken. Schon am ersten Tag nach Ende der Dreharbeiten zu *Helen Morgan* ging er mit *Until They Sail* ins Studio. Wiederum arbeitete er bei MGM unter Robert Wise, und auch das Ergebnis dieser Art beschleunigte seinen Aufstieg, obwohl der Streifen

›Somebody Up There Likes Me‹ – ›Die Hölle ist in mir‹ (1956); mit Pier Angeli.

ebenfalls eine reichlich rührselige Seifenoper geworden ist. Für das Drehbuch hat Robert Anderson eine von den Stories aus *Return to Paradise* von James A. Michener umgearbeitet. Es beginnt damit, daß Newman als Offizier bei einem Militärgerichtsverfahren aussagen muß und damit an seinen Auftritt in *The Rack* (›Anklage: Hochverrat‹) erinnert. Und in der Tat ist auch diesmal die Bereitschaft des Menschen, in den Wirren eines Krieges Ideale und Prinzipien über Bord zu werfen, das Hauptthema des Films. Hier jedoch geht es einzig und allein um Frauen. Die Filmstory behandelt das grenzenlose Leid und die schweren Opfer von vier Schwestern, die den Zweiten Weltkrieg an der Heimatfront in Neuseeland erleben.

Newman, als amerikanischer Marinesoldat, hat ein Verhältnis mit einer der Schwestern (Jean Simmons), deren Mann erst vor kurzem an der Front gefallen ist. Diese Beziehung entwickelt sich in keiner Weise romantisch und für beide Teile befriedigend: Jean Simmons traut den GIs nicht über den Weg, weil sie die Frauen im Ort mit ihrer rüden Art belästigen und beleidigen, während Newman sich gerade erst ›entheiratet‹ hat und jegliches Interesse an Frauen verloren haben will. Er zieht sich in sein Schneckenhaus zurück, erscheint gleichgültig und permanent in Abwehrstellung und bemüht, sich sein Alleinsein zu bewahren. Darüber hinaus rät er den Männern in seiner Position als eine Art Detektiv, der mit der Überprüfung der zukünftigen Ehefrauen von Soldaten beauftragt ist, von der Ehe ab.

In diesem Film spielt Newman seinen ersten, bedrückend echten Alkoholiker. Als Jean Simmons ihm zum erstenmal begegnet, sitzt er in einer Bar und beschäftigt sich ausschließlich mit seinem Brandy. Wenig später, als sie ihn fragt, wie er denn mit dem Leben zurechtkommt, zeigt er ihr eine Flasche und bringt dazu einen der Sätze, die später für Newman typisch werden sollten: »Damit verbringe ich die Nächte – und es tut mir nicht mal leid . . . und niemand von uns fühlt sich nachher verletzt.« Im Verlauf des Films gelingt es dieser haltlosen und völlig aus der Bahn geworfenen Persönlichkeit immer weniger, Jean Simmons zu widerstehen, bei der er schließlich erkennt, daß sie die einzige Frau ist, der er je echte Gefühle entgegengebracht hat. Er beendet seine, wie er sagt, »leidenschaftliche Affäre mit der Flasche«, obwohl er und Jean Simmons eine sexuelle Verbindung um jeden Preis zu meiden scheinen. Einige melodramatische Verwicklungen reißen das Paar im-

›The Helen Morgan Story‹ – ›Ein Leben im Rausch‹ (1957); mit Ann Blyth.

Oben und rechts: ›Until They Sail‹ – ›Land ohne Männer‹ (1957); mit Jean Simmons.

mer wieder auseinander, doch alles endet schließlich in einem glücklichen Happy-End auf der Cinemascope-Leinwand.

Newman gelang es bei den Dreharbeiten, sich über das triviale Niveau des Films zu erheben. Zwar verläßt er sich immer noch auf sein bekanntes Zwinkern, das Zucken seiner Lippen, das unaufhörliche Räuspern und seinen nervösen, unsicheren Blick, doch gleichzeitig vermittelt er auch den Eindruck einer tiefen Verwundbarkeit. Mehr noch als in anderen Filmen verbirgt die nach außenhin harte und widerstandsfähige Schale des Alkoholikers die Unsicherheit und die Neurosen, die darunter verborgen sind. Anstatt seine übliche Aggressivität im Umgang mit Frauen an den Tag zu legen, begibt er sich bereitwillig in die Abhängigkeit zu Jean Simmons. Er sieht in ihr eine Ersatzmutter und gestattet ihr, ihn mit all seinen Schwächen zu erleben und zu erfahren. Die meisten Perso-

›The Left-Handed Gun‹ – ›Einer muß dran glauben‹ (1958); Billy the Kid in der Stadt.

nen, die Newman verkörpert, sind emotional unreif, doch sehr selten geben sie das auch offen zu, selten verhalten sie sich derart passiv, zaghaft, fast kindlich.

In seinem nächsten Film *The Left-Handed Gun* (›Einer muß dran glauben‹, ›Billy the Kid‹), der 1958 fertiggestellt wurde, spielte Newman als Billy the Kid einen richtigen Halbwüchsigen und war damit in einer Rolle zu sehen, die eigentlich James Dean auf den Leib geschneidert war und in dessen Repertoire gehörte. (Tatsächlich hatte Dean sich für diese Rolle lebhaft interessiert, obwohl Newman auch in der Fernsehproduktion von Gore Vidals Roman in der Rolle Billy the Kids aufgetreten war.) Newman hat einmal betont, inwieweit er sich von James Dean unterschied und dabei auf dessen Sicht »mit den Augen eines verängstigten kleinen Jungen« verwiesen, doch genauso hat Newman seinen Billy damals gesehen. Für ihn war er ein unwissender, verwirrter, neurotischer Jugendlicher. Er hat daher viel mehr mit den jugendlichen Krimi-

›The Left-Handed Gun‹ – ›Einer muß dran glauben‹ (1958); mit Alan Carney.

nellen der fünfziger Jahre gemeinsam als mit den klassischen Westernhelden. Zum Beispiel stellte Robert Taylor 1941 Billy the Kid im gleichnamigen Film als eben einen solchen Helden dar.

Dieses antiheroische und unromantische Konzept steckt im Grunde in allen Filmen, die Newman als Mann des Westens zeigen. Im Gegensatz zu John Wayne und Gary Cooper spielte er niemals Cowboys oder Vertreter des Gesetzes, sondern er suchte sich die mehr widersprüchlichen Typen aus (Butch Cassidy, Judge Roy Bean), oder auch Ausgestoßene (Carrasco in *The Outrage* [›Exzeß‹], Hombre) sowie moderne Antihelden des Wilden Westens (Hud, Kane in *Pocket Money*) – Männer, die aus der Gesellschaft des Westens ausgestiegen sind und ihre eigenen Moralgesetze und Rechtsnormen haben. Die Psychologie des Ausgestoßenen hat außerdem auch den Regisseur Arthur Penn immer wieder beschäftigt. Er gab mit *The Left-Handed Gun* (›Einer muß dran glauben‹, ›Billy the Kid‹) sein Filmdebüt und sollte später weitere Ausgestoßene in seinen Filmen *Bonnie and Clyde* (›Bonnie und Clyde‹), *Alice's Restaurant* und *Little Big Man* vorstellen. Von der Eröffnungsszene an, in der Billy als einsamer Wanderer wie aus dem Nichts am Horizont erscheint, wird der Abstand zwischen ihm und seinen übrigen Mitmenschen immer wieder hervorgehoben und betont. So wie bei anderen Newman-Charakteren handelt es sich um einen Mann (oder Jungen), der sich völlig in sich selbst zurückgezogen hat, eine Art Insel der Introvertiertheit, die fern von allen anderen Menschen unerreichbar im Ozean treibt.

Penn ist außerdem bekannt für seine Fähigkeit, Charaktere zu erkennen und ihre verschiedenen psychischen Stadien durch entsprechende Gesten darstellen zu lassen. Auch in diesem Bestreben war er mit Newman sehr gut beraten und natürlich auch mit der Stanislawski-Methode, mit der der junge Star sich während seiner Ausbildung beschäftigt hatte. Billy ist nahezu unfähig, sich verbal auszudrücken. Er wirkt fast ständig verwirrt, scheint sogar manchmal nur recht langsam denken zu können und erinnert in seinen Bewegungen an ein Raubtier. Darin ähnelt er sehr Rocky Graziano. Emotional völlig frustriert, von einer inneren Macht getrieben und in dem verzweifelten Bemühen, seinen Gefühlen Ausdruck zu verleihen, ›spricht‹ Billy mit seinem ganzen Körper, seiner gesamten physischen Existenz. Sein Gesichtsausdruck, der ständig wechselt, die weitläufigen Gesten und die Unruhe, die sein gesamter Körper ausstrahlt, kulminieren schließlich in brutaler Gewalt. Anders als Rocky, der seinem Drang nach Gewalt ein entsprechendes Ventil zur Verfügung stellt, ist Billy lediglich fähig zu morden.

Figuren wie Rocky und Hud werden von ihrem Haß auf den Vater angetrieben, doch Billy wird gewalttätig, weil er einen Vater sucht. Als Kind wurde er von seinem Vater verstoßen und von seiner Mutter großgezogen, die er so sehr verehrte, daß er im Alter von elf Jahren einen Mann tötete, weil er seine Mutter beleidigt hatte. Nunmehr ganz allein und völlig wehrlos, wirklich der ›arme und heimatlose kleine Junge‹, freundet er sich mit dem liebenswürdigen Tunstall (Colin Keith-Johnson) an, den er schon sehr bald von ganzem Herzen liebgewinnt. Als Tunstall umgebracht wird, kann Billy nur mit rasender Wut reagieren. Newman hat in dieser Szene seine beeindruckendsten Momente. Er senkt den Kopf in tiefem Schmerz, dann macht sich in seinem Gesicht eine tiefe Ruhe breit, um schließlich brennender Wut Platz zu machen. Ohne über die Rechtmäßigkeit und die Moral oder Konsequenzen nachzudenken, beschließt er, daß er sein Recht selbst in die Hand nehmen und die vier verantwortlichen Männer töten muß. Er wiederholt seine als Kind bereits geübte Rache und wird zum gesuchten Outlaw. Später helfen ihm ein älterer Mexikaner und dessen junge Frau (Lita Milan), die Billy wenig später verführt, und mit der er seinen Ödipuskomplex befriedigt. Als der Mann der Mexikanerin davon erfährt, hat Billy das Gefühl, nichts Sinnvolles mehr tun zu können, und er gestattet praktisch seinem Verfolger Pat Garrett (John Dehner), ihn zu erschießen. Er hat sein Ziel erreicht und die Unantastbarkeit einer Familie zerstört.

Läßt man die zum Teil angedeuteten Freudschen Symbole außer acht, dann ist der Film nur an wenigen Stellen prätentiös und konfliktbewußt; eher empfindet man ihn als aufregend und spannend. Billys natürlichen Instinkte, die sich in der Gewalttätigkeit austoben dürfen, brechen auch in Momenten ausgelassener, kindlicher Freude hervor. Eine dieser Szenen sollte man erwähnen, denn in ihr beweist sich Newmans unnachahmliches Talent zur Improvisation. Kurz nach dem Tod Tunstalls erfährt Billy die Namen der Männer, die er verfolgen will, und seine tiefe Trauer verwandelt sich in einen explosiven Ausbruch kindlichster Freude. Billy marschiert mit einem Besen über der Schulter herum und singt laut und lacht anscheinend völlig locker und entspannt. Penn spricht von ›ekstatischer Trauer‹.

Der Film, der für Warners mit einem knappen Budget und einem mehr als knappen Zeitplan (dreiundzwanzig Tage!) gedreht wurde, erwies sich als hinreichender geschäftlicher Erfolg, wenn die Kritiker auch durch seine sonderbare Atmosphäre eher verunsichert waren. Heutzutage hat dieser Film viele Bewunderer, obwohl Newman immer wieder betont: »Ich mag den Film immer noch nicht. Er ist eben künstlich, synthetisch.« Doch immer noch ist es einer seiner besten Filme, und er markiert eine wesentliche Entwicklung seiner schauspielerischen Fähigkeiten, indem er sein Talent zum Improvisieren und seine allzeit bereite körperliche Präsenz beweist. Gleichzeitig kann man den Film als Beispiel für eine perfekte Zusammenarbeit zwischen Hauptdarsteller und Regisseur ansehen, und es ist eigentlich schade, daß Penn und Newman danach nie wieder ins Studio gegangen sind.

Anschließend wurde Newman erneut ausgeliehen, diesmal an die 20th Century-Fox. *The Long Hot Summer* (›Der lange, heiße Sommer‹), gedreht 1958, ist der erste einer Serie von sechs Filmen,

›The Long Hot Summer‹ – ›Der lange, heiße Sommer‹ (1958); mit Lee Remick.

die er mit Martin Ritt drehte, und der erste von sieben, in denen er mit Joanne Woodward vor der Kamera stand. Wie üblich bereitete er sich gründlich auf seine Rolle vor und lebte drei Tage völlig unerkannt in Clinton, Mississippi, wo er sich den Ort anschaute und das Leben der Bewohner studierte. Der Film, der auf zwei Kurzgeschichten von Faulkner basiert, bescherte ihm die bis dahin beste Rolle seiner Laufbahn.

Ben Quick (Newman), ein sorgloser, draufgängerischer und intoleranter Redneck kommt in eine kleine Stadt am Mississippi, die dem mächtigen, imposanten Will Varner (Orson Welles) gehört und von ihm gelenkt wird. Gleichzeitig unterdrückt Varner auch noch seine Tochter Clara (Woodward), eine dreiundzwanzigjährige, bisher noch ledige Schullehrerin. Trotz Quicks fragwürdigem Ruf als Scheunenanzünder (Brandstifter), wird er von Varner eingestellt und arbeitet sich schon sehr bald nach oben. Er beteiligt sich schließlich an einem Kaufhaus und erhält sogar ein eigenes Zimmer im Haus seines Chefs. Varner wünscht sich ebenso wie Big Daddy in *Cat On a Hot Tin Roof* (›Die Katze auf dem heißen Blechdach‹) einen fähigen Nachfolger, und da sein Sohn ein Schwächling ist, beschließt er, daß Clara sich mit Quick verloben und ihn schon bald heiraten soll. Für den alten Varner ist Quick, dessen aggressive Männlichkeit ihm gut gefällt, ein ›ungezähmtes Wildpferd‹. Clara, die von Quicks rüder und unhöflicher Art und von der Tatsache, daß die beiden Männer sie behandeln wie eine Ware, angewidert ist, verweigert ihre Zustimmung zu dem Handel.

Ebenso wie Billy the Kid ist Quick ein Ausgestoßener, der wegen seines schlechten Rufs außerhalb der Gesellschaft steht. Doch von seinem Temperament her ist er das genaue Gegenteil, nämlich ausgesprochen extrovertiert. Von seinem ersten Erscheinen an bietet Newman, den Hut tief in die Stirn gezogen und mit seinen erfolgs-

›The Long Hot Summer‹ – ›Der lange, heiße Sommer‹ (1958); mit Anthony Franciosa.

›The Long Hot Summer‹ – ›Der lange, heiße Sommer‹ (1958); mit Joanne Woodward, Anthony Franciosa, Lee Remick, Orson Welles und Richard Anderson.

gewohnt strahlenden Augen, das Sinnbild rücksichtslosen Selbstvertrauens, gepaart mit einer ebenso umfassenden Selbstzufriedenheit und über allem einer geradezu elektrisierenden Männlichkeit. Zynisch, arrogant, rüde und nicht gewillt, sich in der Erreichung seiner Ziele von jemandem aufhalten zu lassen, legt er den Vergleich mit Larry Maddux aus *The Helen Morgan Story* nahe. Doch nun ist seine Darstellungsweise nicht mehr nur eindimensional: Hinter Quicks kalten blauen Augen, den abschätzig nach unten gezogenen Mundwinkeln und dem satanischen Grinsen verbergen sich genügend Intelligenz, Humor, Charme und geradlinige Attraktivität, daß der Zuschauer sich zwangsläufig mit ihm und seinem Streben nach Macht identifizieren muß.

Diese Einstellung hat ihren Ursprung allein in Newmans einfühlsamem und sensiblem Spiel, denn das Drehbuch gestattet Quick keinerlei positive Charakterzüge bis zum Finale, wo er zusammenbricht und Clara die Wahrheit über sich selbst gesteht. Es ist dies eine ergreifende Szene: Seine Stimme bricht, und die Augen füllen sich langsam mit Tränen. Newman zeigt uns einen Mann, dessen Schutzhülle, die er sich aufgebaut hat, allmählich aufreißt und zerbröckelt und den Blick auf eine empfindliche und furchtsame Seele freigibt. Das Eingeständnis seiner eigenen Schwächen und Fehler stellt ihn gleichbedeutend und gleichwertig neben Clara und gibt ihm die Kraft, sich gegen Varner aufzulehnen. Doch auch in den vorhergehenden Szenen wird Quick von dem alten Mann niemals vollkommen beherrscht. Von allen Vaterfiguren in Newmans Filmen erscheint Varner als die mächtigste, Quick jedoch, und damit unterscheidet er sich von den willensschwachen Söhnen in *The Rack* (›Anklage: Hochverrat‹) und *Cat on a Hot Tin Roof* (›Die Katze auf dem heißen Blechdach‹), läßt sich nicht unterdrücken und widerstandslos niederwalzen.

Zur Zeit der Dreharbeiten zu diesem Film, Ende 1957, war Newman bereits geschieden, und er und Joanne Woodward planten ihre Hochzeit. Die Zärtlichkeit und innere Wärme ihrer Beziehung – ihre Entspanntheit, wann immer sie zusammen waren – ist überall zu spüren und nimmt ihren Auseinandersetzungen im Film viel von ihrer aufgesetzten Schärfe und Heftigkeit. Die Charaktere, die sie darstellen, sind perfekt ausgewogen: Er ist sich seiner erotischen Ausstrahlung vollkommen bewußt und erscheint unzugänglich und bar jeder menschlichen Regung; sie ist immer noch Jungfrau, überaus verwundbar, und sehnt sich danach, ihren Gefühlen freien Lauf lassen zu können. Sie lehrt ihn Bescheidenheit und den Wert eines Individuums anzuerkennen, während er ihr Gelegenheit gibt, ihre eigene Sexualität zu entdecken und sich bewußt zu machen.

Zwei Szenen des Films gehören zu den besten, die sie je spielten, was zu einem gewissen Grad auch den hervorragenden Dialogen von Irving Ravetch und Harriet Frank zuzuschreiben ist. In der ersten Szene kommt Clara nachts ins Geschäft, um Ben zu treffen. Nach einigen kindischen Flachsereien und zum Teil gezielten Seitenhieben verbeißen sich die beiden ineinander und fangen an, sich gegenseitig emotional zu sezieren und in den offenen Wunden der Fehler und Unzulänglichkeiten herumzuwühlen. Einige Zeit später, in der wohl stärksten Szene des Films, tritt Clara plötzlich viel

›Cat on a Hot Tin Roof‹ – ›Die Katze auf dem heißen Blechdach‹ (1958); mit Elizabeth Taylor.

reifer und selbstsicherer auf und macht ihm klar, daß er sich von ihr eine völlig falsche Vorstellung macht. Sie sagte, sie wäre auf keinen Fall ›das zitternde Kaninchen, das vor unterdrückten Sehnsüchten innerlich verbrennt‹, sondern eine erwachsene, intelligente Frau, die man nicht nach Belieben kaufen und gleich wieder abstoßen kann. Sie erklärt ihm, er sei ihrem Vater zu ähnlich. »Als ich neun Jahre alt war, habe ich mich innerlich von ihm getrennt, und von dir wollte ich schon nichts mehr wissen, seit ich zum erstenmal in deine kalten, blauen Augen geschaut habe.«

Mit seinem immer noch unerschütterlichen Selbstvertrauen faßt Quick daraufhin seine ausschließlich auf Vergnügen und Besitz ausgerichtete Lebensauffassung zusammen: »Na gut, ich stelle fest, daß du mich nicht magst, aber du wirst mich bekommen. Dann sind da nur noch wir beide, du und ich . . . Jawohl, Sir, wird man sagen, da geht sie hin, die arme alte Clara Varner. Ihr Vater hat sie von heute auf morgen einem im Dreck wühlenden, nichtswürdigen

Penner an den Hals geschmissen, der zufälligerweise gerade vorbeikam. Laß die Leute nur reden, eines weiß ich jedoch heute schon – du wirst irgendwann morgens aufwachen . . . und lachen.«

Paul Newman und Joanne Woodward hatten im Jahre 1958 eine ganze Menge, worüber sie sich freuen konnten. Vier Filme mit ihm kamen in die Kinos, unter ihnen auch *The Long Hot Summer* (›Der lange, heiße Sommer‹), der von den Kritikern begeistert aufgenommen wurde, und für den er bei den Filmfestspielen in Cannes 1958 den Preis als ›Bester Schauspieler‹ verliehen bekam und damit als einziger Amerikaner mit einer Auszeichnung bedacht wurde; Joanne Woodward bekam den Oscar als ›Beste Schauspielerin‹ für ihren 1957 gedrehten Film *The Three Faces of Eve* (›Eva mit den

›Cat on a Hot Tin Roof‹ – ›Die Katze auf dem heißen Blechdach‹ (1958); mit Elizabeth Taylor.

drei Gesichtern‹); zudem begann für beide das Jahr mit ihrer Hochzeit am 29. Januar. Mittlerweile sind sie schon über zwanzig Jahre verheiratet, ein äußerst seltener Fall bei Ehen zwischen Weltstars, und sie haben drei Töchter – Elinor, die 1959 geboren wurde; Melissa, die 1961 zur Welt kam, und Claire, ihre Jüngste, die 1965 das Licht der Welt erblickte. Joanne Woodward hat ihre eigene Karriere völlig zurückgestellt und Rollenangebote immer dann ausgeschlagen, wenn eine längere Trennung von ihrem Mann damit verbunden war, doch immerhin ist es dem Paar gelungen, auch gemeinsam vor die Kamera zu treten und wichtige Filme zu drehen. Abgesehen von ihren beiden Komödien erwiesen sich die Leinwandauftritte der beiden stets als erfolgreich. Zudem hat Paul Newman, der von seiner Frau sagt, sie sei »die letzte der wirklich tollen Frauen«, bei zwei Filmen mit seiner Frau als Star Regie geführt.

Am 16. Januar, zwei Wochen vor ihrer Hochzeit, traten sie gemeinsam in dem Stück *The 80-Yard Run* innerhalb der Fernsehserie *Playhouse 90* auf. Man ist sich darin einig, daß Newman hier seine beste schauspielerische Leistung im Fernsehen gezeigt hat. Er stellt den Footballstar einer Collegemannschaft dar, der die Schönheitskönigin (Woodward) der Uni heiratet. Jahre später während der Depression ist er arbeitslos, während seine Frau, die für eine Modezeitschrift arbeitet, immer erfolgreicher wird. Sie steigt immer weiter nach oben, er verliert nach und nach sein Selbstvertrauen. Er hockt nur noch untätig zu Hause herum, grübelt und lebt in der Erinnerung an den größten Erfolg seines bisherigen Lebens – den 80-Yard-Lauf.

Eher zufällig versucht Newman als Ex-Footballspieler in der Eröffnungsszene von *Cat on a Hot Tin Roof* (›Die Katze auf dem heißen Blechdach‹), gedreht 1958, seinen Ruhm aus alten Tagen, als er noch der Starathlet des College war, aufzupolieren. Betrunken und ziemlich unsicher auf den Beinen will er vorführen, wie er früher beim Hürdenlauf über die Bahn wirbelte. Dabei verletzt er sich und kann sich während des Films fast nur noch mit Krücken fortbewegen.

Newman arbeitete wieder in den MGM-Studios, doch was noch

›Cat on a Hot Tin Roof‹ – ›Die Katze auf dem heißen Blechdach‹ (1958); mit Burl Ives.

wichtiger für ihn war – er spielte Tennessee Williams. Obwohl Ben Gazzara den Brick auf der Bühne dargestellt hatte, brach er damit erneut in Brandos Domäne ein. Doch er bekam die Gelegenheit zu beweisen, daß er kein zweitklassiger Abklatsch des damals schon großen Brando war. Überdies bewies diese Rolle auch seine große Wandlungsfähigkeit, denn Brick ist als Typ das totale Gegenteil von Ben Quick. Auch er ist zynisch, kalt und wird von Schuldgefühlen gequält, jedoch reagiert er darauf, indem er sich zurückzieht, grübelt und die Kommunikation mit seiner Umwelt verweigert. War Ben eine im Grunde starke Persönlichkeit, die ihre Umwelt aktiv herausforderte und ihr ihren Willen aufzwang, erweist Brick sich als schwach, unentschlossen und weitgehend passiv. Hilflos steht er der Welt gegenüber und läßt sich treiben. Er weiß überhaupt nicht, was er will. Während sein raffgieriger Bruder und seine Schwägerin ungeduldig darauf warten, daß Big Daddy endlich stirbt und sie sein Vermögen und die Farm erben können, und während seine Frau Maggie (Elizabeth Taylor) ihn drängt, endlich um seinen Anteil zu kämpfen, bleibt er untätig und beschäftigt sich ausschließlich mit der Flasche. Er ist ein emotionaler Krüppel, ein ›kleiner Junge von dreißig Jahren‹, der sich vor seiner Verantwortung und der Wahrheit drückt und seine bitteren Erinnerungen im Alkohol ertränkt.

Newman und Taylor stellen völlig gegensätzliche Temperamente dar: Sie ist laut, reizbar, nervös, auf dem Sprung und voller Sinnlichkeit; er hingegen ist kalt, ruhig, wie erstarrt und erscheint völlig gefühllos. Brick und Maggie haben schon lange nicht mehr miteinander geschlafen, und sie hat eine unstillbare Sehnsucht nach ihm, doch er verweigert sich ihr und wehrt all ihre Versuche, um ihn zu werben, strikt ab. Während sie mit ihm redet, antwortet er voller Sarkasmus, Haß und Gleichgültigkeit. Dabei redet er mit eintöniger Stimme, als befände er sich völlig in Trance. Im Verlauf der Gespräche mit ihr oder auch mit Big Daddy (Burl Ives) starrt er ins Leere, oder er geht einfach davon – meistens hinüber zum Barschrank. Er wendet sich von der Gemeinschaft ab, schließt sich aus und bewirkt, daß die Gespräche auf völlig verschiedenen Ebenen stattfinden. Er zieht sich in seine eigene Welt zurück und verbirgt seine Qual und seine Angst hinter einer Fassade der Gleichgültigkeit.

So treffend Newman auf der einen Seite Brick als gehemmt und von Schuldgefühlen geplagt darzustellen vermag, so überzeugend ist er zugleich, wenn sein Temperament mit ihm durchgeht und er Maggie oder Big Daddy anschreit, um sie daran zu hindern, noch weiter in seiner Persönlichkeit herumzustochern und seine gehüteten Geheimnisse zu entschleiern. Wie diese von ihm so eifersüchtig bewachte ›Wahrheit‹ jedoch aussieht, bleibt letztlich im dunkeln. Im Theaterstück wird Bricks Unfähigkeit zur Kommunikation mit seiner früheren homosexuellen Beziehung zu einem Bekannten und dessen aus dieser Beziehung erfolgtem Tod erklärt. Aufgrund der in Hollywood gängigen Moralvorstellungen mußte der Drehbuchautor Richard Brooks diese Episode völlig aus der Handlung herausnehmen, wodurch natürlich die Motivationen Bricks für sein Verhalten viel weniger überzeugend wirken. Sein ablehnendes Verhalten gegenüber Maggie – im Theaterstück eine logische Folge von Bricks Vorgeschichte – wirkt um so aufgesetzter, weil es aus Erfahrungen herrührt, die wenig überzeugend angesprochen und erklärt werden.

Ohne das Moment der Homosexualität wird Bricks Abhängigkeit von seinem Freund durch die Unfähigkeit Big Daddys erklärt, seinem Sohn eine starke Stütze zu sein und ihm seine Liebe zu schenken. Zum Glück bietet diese Version immerhin noch genug Stoff für eine dichte Handlung und Darstellung ernster Konflikte. In der Schlüsselszene des Films – die es im Theaterstück nicht gibt – konfrontiert Brick seinen Vater mit der grausamen Wahrheit. Sie sitzen im Keller zwischen den alten Erinnerungsstücken, die der alte Mann hier zusammengetragen hat, und Brick erklärt seinem Vater, daß man sich Liebe nicht mit Geld erkaufen kann. Bedrükkend stellt Newman die ganze Gefühlsskala des verstoßenen Sohnes dar. Anfangs niedergeschlagen und hoffnungslos, wandelt sich sein Ausdruck zur Wut, und in einem Temperamentsausbruch tobt er durch den Kellerraum und zerschlägt alles in seiner Reichweite, bis er schließlich weinend zusammenbricht und unter Schluchzen hervorstößt: »Alles, was ich mir immer gewünscht habe, war ein Vater und kein Boß . . . ich wollte nur, daß du mich liebst.« Beide leiden und sind hilflos – Big Daddy hat Krebs in fortgeschrittenem Stadium, und Bricks Krücken sind – symbolisch – zerbrochen, und jeder braucht die Hilfe des anderen, um die Treppe, die aus dem Keller führt, zu überwinden. Auf diese Weise führt auch dieser Film die Entfremdung zwischen Vater und Sohn vor. Die Tatsache, daß die beiden Hauptpersonen dieser Entfremdung Herr werden und sie durchbrechen, wie es bereits in *The Rack* (›Anklage: Hochverrat‹) und *Somebody Up There Likes Me* (›Die Hölle ist in mir‹) dargestellt wurde, gibt den Charakteren neue Kraft und dem Film ein entsprechendes Finale, wie man es im Theaterstück allerdings nicht findet.

Trotz der Streichungen und Änderungen war der Film für 1958 immer noch ein aufrüttelndes Ereignis und erwies sich als enormer geschäftlicher Erfolg. Er erhielt sechs Oscar-Nominierungen. Newman wurde für einen Oscar nominiert, aber David Niven gewann in diesem Jahr. Aber Newman hatte sich in die vordersten Reihen gespielt. Die Kritiker liebten ihn, sein Name war in der Öffentlichkeit bekannt, und er brauchte sich wegen seines Brando-Images keine Sorgen mehr zu machen. Er hatte sich vor allem durch seine letzten drei Filme ein eigenes Image geschaffen und sein Können hinreichend unter Beweis gestellt.

In seinem letzten Film des Jahres 1958 *Rally Round the Flag, Boys!* (›Keine Angst vor scharfen Sachen‹) stand er diesmal bei der 20th Century-Fox mit seiner Frau Joanne Woodward vor der Kamera. Es war seine erste Komödie, und er befand sich in den erfahrenen Händen von Leo McCarey, der mit Laurel und Hardy, W. C. Fields und den Marx Brothers gearbeitet hatte. Die Newmans haben bei weitem nicht die Klasse jener Slapstick-Größen, und *Rally* ist nicht gerade McCareys beste Leistung auf diesem Gebiet, trotzdem ruft der Streifen die selige Erinnerung an die Screwball-Komödien der dreißiger Jahre wach (von denen sein Film *The Awful Truth* [›Die furchtbare Wahrheit‹] zu den besten gehört). Zudem ist *Rally* eine treffende Satire auf das verträumte Leben in den amerikanischen Vororten am Rand der Großstädte.

Newman ist ein typischer, abgehetzter Pendler, dessen Frau (Joanne Woodward) die ganze Zeit mit irgendwelchen Aktivitäten der Gemeindeverwaltung beschäftigt ist, und dessen Söhne vom Fernsehen so fasziniert sind, daß sie ihn kaum noch beachten. Daher flüchtet er sich in den Alkohol (schon wieder!) und in seine Tagträume. Als die Armee beschließt, in ihrer Stadt einen geheimen Stützpunkt einzurichten, finden sich die Eheleute in feindlichen Lagern wieder. Sie führt die Protestbewegung gegen die Armee an, er wird als Reserveoffizier zum Public-Relations-Mann ›befördert‹ und soll in der Stadt für den Stützpunkt werben. Ihre Ehe droht wirklich zu scheitern, als seine Frau ihn in einer verfänglichen, jedoch völlig harmlosen, Situation mit einer attraktiven Nachbarin (Joan Collins) erwischt. Nach einigen turbulenten Verwicklungen

›Rally Round the Flag, Boys!‹ – ›Keine Angst vor scharfen Sachen‹ (1958); mit Joanne Woodward.

und hitzigen Dialogen finden sie jedoch wieder zusammen und feiern ihre Versöhnung mit einem Raketenstart und einem verrücktspielenden Schimpansen.

Newman hat oft genug Gelegenheit, seinen Charme einzusetzen, doch übertreibt er die Rolle, die ein Jack Lemmon lässig mit links heruntergespielt hätte, völlig und bemüht sich so krampfhaft, lustig zu sein, daß der Zuschauer kaum etwas zu lachen hat. Zugegebenermaßen wirken einige der Gags und Slapstick-Szenen reichlich aufgesetzt, wenn zum Beispiel der betrunkene Newman und Joan Collins einen Cha-Cha-Cha tanzen, dabei an einem Leuchter hängend hin und her schaukeln und schließlich eine Treppe hinunterstürzen; oder wenn Newman praktisch mit heruntergelassener Hose bemüht ist, die mannstolle Joan Collins abzuwehren und gleichzeitig seiner Frau die Situation zu erklären. Doch selbst Rock

›Rally Round the Flag, Boys!‹ – ›Keine Angst vor scharfen Sachen‹ (1958); mit Joanne Woodward.

Hudson und Doris Day hätten aus diesen Szenen noch etwas herausgeholt. Die Newmans jedoch bieten lediglich platte Späße, eine manierierte Gestik und extreme Übertreibungen.

Zwar waren die Newmans immer noch jung, doch sie stellten in dem Film Vertreter der älteren Generation dar, so daß man ein Teenagerpärchen (Dwayne Hickman und Tuesday Weld) eigens für die jugendlichen Zuschauer hinzufügte. Erstaunlicherweise kopiert Hickman, der im Film eine Karikatur des amerikanischen Teenagers darstellt, Marlon Brando bis ins kleinste Detail! Gekleidet wie Brando in *The Wild One* (›Der Wilde‹), nuschelt und stottert er mit dem gleichen gequälten Gesichtsausdruck. Newman, der gerade drei Filme vorher einen Halbwüchsigen gespielt hatte, wurde als junger Rebell im Brando-Stil von einem anderen verdrängt.

Die Saat der Korruptheit

Newman hat oft betont, daß ihn Männer faszinieren, die über die Eigenschaften verfügen, von denen die Menschen vor allem in Amerika beeindruckt sind: ausgesprochen gutes Aussehen, Reichtum und männlicher Charme – kurz Männer, die jede Frau verführen und sich auch wohl fühlen, wenn sie zu Hause mit ihren Freunden eine Flasche köpfen. Newman ist davon überzeugt, daß man bei der Darstellung dieser Helden auch ›die Saat der Korruptheit‹ vorführen muß, die in ihnen steckt, so daß man die, die man bewundert, besser durchschauen kann. Wenn sie Erfolg haben, verlieren sie meistens ihre Seele und Menschlichkeit und haben zwei Alternativen: entweder sie begreifen das und finden wieder zu sich selbst, oder sie verdrängen diese Erkenntnis. Dann müssen zumindest wir sie durchschauen und folgerichtig ablehnen und verdammen. Larry Maddux und Ben Quick waren solche Charaktere, und weitere tauchen immer wieder in den Filmen Newmans auf. Der Prozeß, durch welchen diese verderbliche Saat gesetzt wird, die schließlich den ganzen Menschen vergiftet, ist das Hauptthema seiner Filme in den Jahren 1959 bis 1963.

Im Warners-Streifen *The Young Philadelphians* (›Der Mann aus Philadelphia‹, 1959) stellt er zum Beispiel einen jungen Anwalt dar, der alle menschlichen Werte über Bord wirft, um endlich erfolgreich zu sein. Unter der Regie von Vincent Sherman, der einige Filme mit Joan Crawford als Prototyp der Karrierefrau gedreht hat, finden wir Newman als Star einer glattgemachten *soap opera* in einer typischen Crawford-Rolle. Tony Lawrence kommt als Sohn armer Eltern zur Welt, und seine Mutter erzieht ihn in dem Geist, daß soziale Stellung, gute Beziehungen und Geld die einzigen Werte sind, die zählen. Anfangs sträubt er sich gegen diese Denkweise, doch nach und nach wandelt er sich zum zynischen Opportunisten und beginnt eine Karriere, die ihn praktisch über Leichen bis an die Spitze einer Anwaltskanzlei führt. Er trickst seine Konkurrenten aus, beginnt eine für ihn nützliche Liebschaft und verleugnet sich selbst, um endlich den Durchbruch zu schaffen, doch auf diesem Weg verliert er seinen jugendlichen Idealismus und ist schließlich mit sich selbst unzufrieden. Er besinnt sich darauf, daß der Erfolg den Preis seines persönlichen Glücks nicht wert ist und riskiert es, von einer prominenten und einflußreichen Familie gemieden zu werden, indem er einen Alkoholiker verteidigt, der sein Freund ist. Im Film kommt es zu einem Kompromiß: Tony gewinnt den Prozeß, heiratet die millionenschwere Tochter und bleibt Mitglied im Kreis der Oberen Zehntausend.

Oberflächlich betrachtet ist Tony, der skrupellose Opportunist, ein zweiter Ben Quick, doch das Drehbuch stellt ihn ziemlich verwaschen dar, und Newman besinnt sich bei seiner Interpretation vorwiegend auf seine schauspielerische Routine. Er gibt seiner Rolle ein Gesicht, reagiert in seiner Mimik diszipliniert und weiß die anfängliche jugendliche Naivität und spätere Abgebrühtheit überzeugend zu vermitteln. Doch er bewegt sich damit an der Oberfläche einer Persönlichkeit und verleiht ihr kein eigenständiges Leben. Tony verfügt noch nicht einmal über den für seine Rolle notwendigen verführerischen Charme, er hat lediglich ein hübsches Gesicht. Und in besonders eindringlichen Szenen – wenn Tonys Freundin einen anderen Mann heiratet und wenn er schließlich erfährt, wer sein wirklicher Vater ist – verfällt Newman in seine alten Gewohnheiten und tritt auf als Geschlagener, der als Reaktion auf das Gehörte allenfalls heftig zwinkern und nervös seine Lippen bewegen kann und seinen Text nur noch unter dramatischem Keuchen hervorstößt.

Er und der Film wurden weitgehend verrissen. Der Kritiker von *Variety* meinte, daß er ›seine Rolle herunterspiele, als wolle er damit einen für ihn unangenehmen Vertrag erfüllen‹. Und das entsprach auch genau den Tatsachen. Schon seit 1954 fühlte Newman sich bei Warners nicht so recht wohl, und er wollte am liebsten seinen Vertrag lösen und wieder eigene Wege gehen. Im August 1959, drei Monate nach der Premiere von *The Young Philadelphians* (›Der Mann aus Philadelphia‹), kauft er sich für 500 000 Dollar aus dem Vertrag, der noch für drei Jahre galt, aus. Es war den Preis wert: Newman hatte bei Warners nicht mehr als 25 000 Dollar pro Film bekommen, wurde aber bereitwillig für 75 000 Dollar an andere Gesellschaften ausgeliehen. Die Differenz strichen die Warners ein. Jetzt, als freier Schauspieler ohne vertragliche Bindung, konnte er eine hohe Gage verlangen – und bekam sie auch.

Schon vorher hatte Newman seine Unabhängigkeit bewiesen, als er Hollywood ein zweites Mal verlassen und an den Broadway zu-

›The Young Philadelphians‹ – ›Der Mann aus Philadelphia‹ (1959); mit Barbara Rush.

rückgegangen war. Nachdem die Dreharbeiten zu *The Young Philadelphians* beendet waren, nahm er die männliche Hauptrolle neben Geraldine Page in dem Theaterstück *Sweet Bird of Youth* (›Süßer Vogel Jugend‹) von Tennessee Williams an. Endlich hatte er eine Williams-Rolle, die ihm ganz allein gehörte, und wenn er mit der Filmversion ins Studio ging, würde niemand behaupten können, er stünde im Schatten eines Vorgängers. Die Premiere des Stückes, bei dem Elia Kazan die Regie führte, fand am 10. März 1959 statt und erwies sich als großer Erfolg. Chance Wayne, der attraktive junge Mann, der dem Hollywood-Ruhm nachjagt und rücksichtslos jedes Hindernis aus dem Weg räumt, ist ein Typ, der Newman wie auf den Leib geschneidert war. Newman war ganz einfach hervorragend und erhielt für diese Rolle die bis dahin besten Kritiken seiner Laufbahn.

Newman kehrte damals an die Bühne zurück, weil er sich in Hollywood wie in einem Elfenbeinturm fühlte und befürchtete, in seinen Bemühungen um hervorragende Leistungen nachzulassen. Er wollte sich endlich einmal einem Publikum stellen und dessen direkte Reaktion spüren. »Permanent lebt man in der Angst, daß die Leute einen eines Tages durchschauen und man wieder ganz von unten anfangen muß. Deshalb ist es gut, wenn man sowohl in Hollywood als auch am Broadway arbeitet. Hier wird man manchmal ausgequetscht bis auf den letzten Tropfen und von der Kritik gnadenlos auseinandergenommen – doch wenn man niemals diese Erfahrung macht, dann erstarrt man in seinen eigenen Stereotypien.« Dieses Bestreben, sich weiterzuentwickeln, fand auch seinen Niederschlag in seinen Studien bei Lee Strasberg im Actors Studio sowie in einer intensiven Sprachschulung, um seiner Stimme, wie er meinte, die unangenehme Heiserkeit zu nehmen.

Am 7. April wurde Newmans erstes Kind, Elinor Theresa, geboren. Als Nell Potts sollte sie in zwei Filmen, bei denen ihr Vater Regie führte, glänzende Rollen besetzen. Gegen Ende seines Engagements in *Sweet Bird of Youth* (›Süßer Vogel Jugend‹) begann Newman zusammen mit seiner Frau tagsüber mit den Dreharbeiten zu *From the Terrace* (›Von der Terrasse‹). Im Januar 1960 war sein Engagement am Broadway beendet, und er reiste sofort nach Hollywood, wo er die Dreharbeiten zu dem Film beendete. 42 Wochen lang war er regelmäßig aufgetreten und hat bei keiner der 336 Vorstellungen gefehlt.

From the Terrace (›Von der Terrasse‹) war für den freien Schau-

›The Young Philadelphians‹ – ›Der Mann aus Philadelphia‹ (1959); mit Robert Vaughn.

spieler eine ziemlich unverständliche Wahl, weil es sich dabei im Grunde um die Art von Film handelte, die er schon bei Warners immer verabscheut hatte. Obwohl die Story auf einem Roman von John O'Hara basiert, wird das Thema von *The Young Philadelphians* (›Der Mann aus Philadelphia‹) lediglich abgewandelt. Wiederum ist es eine *soap opera,* zeitlich vom Ende der vierziger Jahre in die späten fünfziger verlegt, die Newman als unbequemen jungen Opportunisten aus Philadelphia zeigt. Und erneut wird die Moral (die es Newman offensichtlich angetan hatte) vorgeführt, daß die Sucht nach Geld und Macht den Sinn für Liebe und Ehrlichkeit verdirbt. Die Motivation für den Helden des Films ist bereits sattsam bekannt: Sein Vater haßt ihn. Er erklärt seinem gefühlskalten und bösartigen Vater (Leon Ames): »Das einzige, was ich mir je gewünscht habe, war, dein Freund zu sein!« Danach schlägt er das Angebot seiner Familie aus, das Stahlwerk zu über-

Eine Bühnenproduktion von ›Sweet Bird of Youth‹ – ›Süßer Vogel Jugend‹ (1959); mit Geraldine Page und Sidney Blackmer.

›From the Terrace‹ – ›Von der Terrasse‹ (1960); mit Joanne Woodward.

nehmen. Er will mehr: Um seinem Vater zu beweisen, daß er noch erfolgreicher ist als er, will er bis zu seinem vierzigsten Lebensjahr mindestens fünf Millionen Dollar zusammengescheffelt haben.

Auf seinem Weg in die Wall Street geht seine Ehe in die Brüche, und seine ehemals liebenswerte und hübsche Frau (Woodward) entwickelt sich zu einem Scheusal und landet im Bett eines ehemaligen Geliebten. Er arbeitet wie ein Pferd, um sich als Finanzmagnat zu etablieren, erkennt jedoch plötzlich, wie leer im Grunde sein Leben geworden ist. Im Gegensatz zu Tony Lawrence steigt er ganz einfach aus, läßt die Trümmer seiner Ehe und seine Karriere zurück, heiratet eine einfache und patente Frau und läßt sich in einer Kleinstadt nieder.

Newman schlägt sich verzweifelt mit den typischen Stilmerkmalen der *soap opera* herum, mit ihren aufgesetzten Konflikten und überaus tiefschürfenden Dialogen, doch er verliert diesen Kampf. Am schlechtesten kommt er in den Szenen mit der sittsamen, jungen Frau (Ina Balin) weg, denn ihre Beziehung wirkt völlig unmöglich; ihre Gespräche über Liebe sind leeres Wortgeklingel, und man nimmt Newman den schüchternen, zärtlichen Liebhaber ganz einfach nicht ab. Schließlich hat man ihn vorher oft genug als rücksichtslosen Eroberer und beherrschendes Männlichkeitssymbol erlebt, zudem fällt es ihm schwer, den Eindruck von Einfühlungsvermögen und Zärtlichkeit zu vermitteln. Überzeugend wirkt er allenfalls am Anfang des Films, wenn er sich mit seinem Vater streitet, und sein Gesicht all die Abneigung und die Verzweiflung widerspiegelt, die sich in ihm aufgestaut hat. Jedoch auch in diesen Szenen verfällt er wieder in seine Routine, zwinkert nervös mit den Augen, redet mit zuckenden Lippen und übertreibt maßlos.

Gemeinsam mit Joanne Woodward jedoch gewinnt der Film an Leben. Als sie sich kennenlernen und auch bei ihren späteren Auftritten, als er sich als Herr und Meister aufspielt, Joanne Woodward ihm jedoch widersteht, kann man die Verzweiflung spüren, unter der er leidet, und man erinnert sich unwillkürlich an *The Long Hot Summer* (›Der lange, heiße Sommer‹). Im Verlauf ihrer Ehe jedoch werden die Rollen nach und nach vertauscht. Er geht völlig in seiner Arbeit auf, und sie ist sexuell unbefriedigt und wird zum Ausgangspunkt der Spannung, die zwischen ihnen entsteht. Gegen Ende des Films gibt es eine beeindruckende Szene, in der sie ähnlich wie Maggie aus *Cat On a Hot Tin Roof* (›Die Katze auf dem heißen Blechdach‹) ihm mit all ihren Verführungskünsten entgegentritt und ihm ihre eigene Sexualität vor Augen führt, während er einfach untätig dasitzt und völlig geistesabwesend wirkt. Ironischerweise stellt Joanne Woodward (und auch das Drehbuch) die Frau so vital und überzeugend dar, daß es schwer ist, sie als keifende, nörgelnde Megäre zu akzeptieren. Der Bruch mit ihr – mit dem auch der Zuschauer sich identifizieren soll – erscheint daher ziemlich unverständlich.

Trotzdem war auch dieser Film wie alle anderen nach *The Long*

›From the Terrace‹ – ›Von der Terrasse‹ (1960); als Alfred Eaton.

Hot Summer (›Der lange, heiße Sommer‹) ein beachtlicher Erfolg. Zu diesem Zeitpunkt war Newman ein solcher Kassenmagnet, daß er, ohne sich sonderlich darum bemühen zu müssen, die vielbegehrte Rolle des palästinensischen Untergrundführers Ari Ben Canaan in Otto Premingers *Exodus* bekam. Nach den Dreharbeiten von *From the Terrace* (›Von der Terrasse‹) unternahmen die Newmans eine Reise nach Israel, wo Paul sich einige Wochen aufhielt, um vor Beginn der Dreharbeiten zu *Exodus* ausgiebig Land und Leute zu studieren.

Exodus ist eine anspruchsvolle, dreieinhalbstündige Adaption von Leon Uris' berühmtem Roman über die Gründung Israels im Jahre 1947. Er behandelt vorwiegend die von Ari raffiniert geplante Flucht von über sechshundert Juden von Zypern hinüber nach Palästina, die Untergrundaktivitäten in Palästina und die ersten Auseinandersetzungen zwischen den arabischen Staaten und Israel nach der Teilung. Außerdem bleibt noch genug Raum für eine Vielzahl anderer Ereignisse und individueller Schicksale, unter anderen Aris Romanze mit der amerikanischen Krankenschwester Kitty Fremont (Eva Marie Saint) und seine Freundschaft mit einem sympathischen arabischen Hauptmann (John Derek). *Exodus* ist ein schillernder, aktionsgeladener und unterhaltsamer Film, doch er zeigt Newman bei einer seiner langweiligsten Vorstellungen.

Man sagt, daß Newmans aus dem Actors Studio erarbeitete Methode, an eine Rolle heranzugehen, mit Premingers eher autoritärer Auffassung von perfekter Studioarbeit kollidierte. Andere wiederum meinen, daß er im Grund eine Fehlbesetzung war. Dem muß man entgegenhalten, daß Ari genau der Einzelgänger ist, den Newman schon immer so perfekt dargestellt hatte – mit einem Unterschied jedoch, Ari hat sich einem Ziel verschrieben und nicht seinem eigenen Ich. Als er den wohlwollenden und umgänglichen Zyprioten Mandria beleidigt, halten seine Freunde ihn zurück und erklären ihm, daß Mandria ein aufrichtiger Freund ist. Er erwidert darauf: »Wenn es zur Schlacht kommt, dann stehen wir allein da. Mandria wird auch uns verraten und verkaufen wie alle anderen von uns. Wir haben keine Freunde außer uns selbst.« Diese Worte finden sich auch in dem Roman, doch sie hätten ebensogut ausschließlich für Newman geschrieben worden sein können, dessen Charaktere nicht selten diese Meinung vertreten.

Das eigentliche Problem liegt darin, daß Newman seinem Ari

›Exodus‹ – ›Exodus‹ (1960); mit Eva Marie Saint und John Derek.

keine Wärme oder Menschlichkeit gibt. Seine anfängliche Ungeduld, seine Feindseligkeit, die Arroganz und Gleichgültigkeit gegenüber den Problemen seiner Gefährten sind immerhin daraus zu verstehen, daß er vor wichtigen Entscheidungen steht und eine unermeßliche Last von Verantwortung trägt. Doch selbst in den Situationen, wo seine Gefühle gefordert werden, wo man mit seinem Verständnis rechnen kann und er erkennen muß, daß es auch Menschen gibt, denen man vertrauen kann (Kitty, eine Christin, enga-

›Exodus‹ – ›Exodus‹ (1960); mit Eva Marie Saint.

giert sich leidenschaftlich für das Anliegen der Juden) bleibt sein Verhalten unverändert. In keiner Sekunde zeigt er Reaktionen eines von Gefühlen bestimmten Menschen. Erst am Ende, bei einer feierlichen Beerdigung, bricht Leben aus ihm heraus, doch da ist es bereits zu spät. Hier ist nichts mehr zu finden von dem Charme und der Vitalität früherer Newman-Charaktere, so unsympathisch und unumgänglich sie auch waren. In der einzigen Sequenz, in der Newman wenigstens andeutungsweise witzig sein soll – als er nämlich die Rolle eines britischen Offiziers spielt – wirkt er befangen und steif.

Exodus spielte mehr ein als jeder andere Film mit Newman in der Hauptrolle (lediglich *Butch Cassidy* war noch erfolgreicher), doch trotz seiner Anziehungskraft brauchte er immer noch eine Rolle, die seine Position als ernsthafter Schauspieler festigte, wenn nicht sogar wiederherstellte. 1961 sollte er in *The Hustler* (›Haie der Großstadt‹) diese Chance bekommen. Die Rolle des Eddie Felson war die beste, die man ihm bis zu diesem Zeitpunkt je angeboten hatte, und Newman bedankte sich dafür mit seiner ausgereiftesten Leistung als Schauspieler.

Der Regisseur und Drehbuchautor Robert Rossen gibt uns einen realistischen Einblick in die triste Welt der Billardhallen und führt sie uns als Schlachtfeld vor, auf dem nur bestehen kann, wer Mut und Kraft hat. Eddie ist jedoch nicht der traditionelle weiße Ritter, sondern ein trickreicher Billardprofi, der sein Geld damit verdient, indem er potentiellen Gegnern den Eindruck vermittelt, sie könnten ihn schlagen. Jedoch ist er mit diesen Siegen nicht zufrieden, sondern er will es mit dem besten Poolbillardspieler des Landes, Minnesota Fats, aufnehmen, und damit steht er wieder in einer Reihe mit den anderen Helden Newmans, die ein Ziel vor Augen haben und es fanatisch zu erreichen versuchen.

Newman geht völlig in der Persönlichkeit seines Helden auf und läßt uns deutlich spüren, welche Kraft ihn antreibt und wie verzweifelt er sich nach vorn drängt. In den Eröffnungsszenen vor dem Marathon-Match gegen Fats (Jackie Gleason) ist Eddie das Sinnbild für Selbstvertrauen und Siegessicherheit. Eddie sagt von sich, er sei »schnell und locker«. Er grinst siegesgewiß und streicht wie ein Raubtier um den Billardtisch, wobei er seinen Gegner Fats zu reizen versucht: »Von diesem Spiel hab' ich immer geträumt, Fettsack . . . Das hier ist mein Tisch, er gehört mir.« Doch hinter allem spürt man auch die Unsicherheit und eine verhängnisvolle Tendenz zur Selbstzerstörung. Er weiß nicht, wann er aufhören soll, und obwohl er schon 18 000 Dollar in der Tasche hat, will er weitermachen, bis Fats endgültig vernichtet ist. Diese aufgesetzte Selbstsicherheit und sein krankhafter Mut zum Risiko lassen ihn nachlässig werden, und er gerät schließlich in einen Rausch, zum Teil auch hervorgerufen durch den Alkohol, den er in sich hineinkippt. Fats hingegen bleibt völlig gelassen, wirkt geradezu unbeteiligt und nimmt Eddie schließlich auch den letzten Cent ab. Wie Fats' Manager, der gerissene, einem Haifisch ähnliche Gordon (George C. Scott) es nachher ausdrückt, ist Eddie ein ›Verlierer‹.

Eddies Arroganz wirkt unangenehm, und sein Mangel an Be-

›The Hustler‹ – ›Haie der Großstadt‹ (1961); mit Jackie Gleason.

scheidenheit macht ihn abstoßend, doch er steigt im Ansehen durch seine Beziehung zu Sarah (Piper Laurie), einer wehleidigen, lahmen, abgewrackten Alkoholikerin, deren offensichtliche Verwundbarkeit ihn seltsam anzieht. Es ist eine fesselnd dargestellte Beziehung zwischen zwei im Grunde Gestrandeten, die sich von einer rein zufälligen Begegnung weiterentwickelt zu einer echten Bindung. Anfangs trinken sie nur und steigen gemeinsam ins Bett, und obwohl Sarah begreift, daß er nicht mehr wert ist als jeder andere Säufer und Penner, will sie (wie fast alle anderen Frauen in den Filmen Newmans) mehr von ihm. Der Wendepunkt ist erreicht, als Eddie wieder einmal nicht den Mund halten kann und einigen Männern, mit denen er spielt, klarmacht, daß es ihm nur um Geld geht und daß er sie mit seinem unbeholfenen Gehabe am Billardtisch ausgetrickst hat, woraufhin sie ihm die Daumen brechen. Jetzt erst, und damit zum erstenmal, ist er auf Sarahs Hilfe angewiesen, und ihre Beziehung festigt sich, als er begreift, wie nötig auch er sie braucht.

Darüber hinaus ist sie der einzige Mensch, mit dem er über das reden kann, was ihn in seinem Innern bewegt. Während eines Picknicks in den Bergen – einer der schönsten Szenen in Newmans Filmlaufbahn – erklärt Eddie, daß er das Maß für die Dinge und seine Bescheidenheit im Umgang mit schlechteren Spielern verloren hat, weil er ihnen zeigen mußte, wie »ein richtig gutes Pool-Match aussieht«. Er berichtet, daß er manchmal in seinem Spiel derart aufgeht, so daß sein Arm und das Queue praktisch zu einem einzigen Organ zusammenwachsen. Dieser Monolog wird durch Newmans Ausdruckskraft schon fast zu einem poetischen Ereignis. Im Hinblick auf frühere Szenen, in denen wir Eddie als eiskalten Spieler erleben, der trickreich um seinen Lebensunterhalt kämpft, gleichzeitig aber auch seinen Gegner Fats bewundernd beobachtet, muß der Zuschauer nach diesem Vortrag begreifen, daß Eddie eigentlich nur glücklich ist, wenn er am Billardtisch steht und spielen kann.

Sarah ist zutiefst bewegt und zeigt ihm, daß sie ihn liebt, doch er schafft es nur bis zu einer Frage. »Willst du die Worte unbedingt hören?« Sie will und sie muß, doch er bringt sie nicht über die Lippen. Und schließlich wird jedes Gefühl, das er für sie vielleicht empfunden hat, von seinem Drang überschattet, sich noch einmal mit Fats zu messen. Er stößt seinen väterlich wirkenden Manager (Myron McCormick) brutal vor den Kopf, denn er rät ihm von seinem Vorhaben ab. Dafür macht er sich zum Sklaven Gordons, der ihm klarmacht, er wäre immer nur ein Verlierer, wenn er sich nicht endlich von Sarah befreit. Eddie folgt dem Ratschlag, macht mit Sarah Schluß, um in einem Billardspiel anzutreten und es zu gewinnen. Sie begeht Selbstmord. Die Situation ist in sich gekünstelt, doch Eddie überzeugt in seiner Reaktion, als er vor der Leiche seiner ehemaligen Freundin steht und begreift, was er getan hat. Er sinkt in die Knie, streckt hilflos eine Hand aus und schüttelt in stummem Schmerz unaufhörlich den Kopf – und gleicht damit Billy the Kid, als dieser vor der Leiche seines Freundes Tunstall steht.

Wieder einmal hat die ›Saat der Korruptheit‹ fast die Seele eines Mannes zerstört. Hier war es der fanatische Drang, um jeden Preis zu siegen, und nicht die Jagd nach Reichtum, das Ergebnis ist jedoch dasselbe. Als Eddie wieder in die Billardhalle zurückkehrt, um den Kampf gegen Fats aufzunehmen, ist von seiner Siegessicherheit und seinem Selbstvertrauen nicht mehr viel zu spüren. Auch scheint er sein sinnliches Gefühl für das Spiel verloren zu haben. Er ist ernst, ruhig, brennt innerlich vor Wut und will nur die Revanche. Er schlägt Fats in einem schnellen Spiel und erklärt

›The Hustler‹ – ›Haie der Großstadt‹ (1961); als Eddie Felson.

Gordon, daß im anderen Fall Sarahs Tod keinen Sinn gehabt hätte. In einer der dichtesten Szenen sagt Newman zu Gordon: »Wir haben ihr das Messer in den Leib gejagt . . . ich habe sie geliebt. Doch ich habe sie am Billardtisch verspielt.« Auch wenn diese Worte für Sarah zu spät kommen, so empfindet man doch, daß Eddie einen ganz persönlichen Sieg errungen hat. Mag sein, daß er gescheitert und fast vollkommen gebrochen ist, zumindest hat er sich einen Teil seiner Menschlichkeit bewahren können.

Damit hat Newman seine bisher ausgewogenste Darstellung einer Rolle abgeliefert – auf der einen Seite ein unbeugsamer Wille, ein arrogantes Selbstvertrauen und die Unfähigkeit, Liebe zu geben; auf der anderen Seite eine tiefe Verwundbarkeit, das Streben nach Unabhängigkeit und ein hohes Maß an Selbsterkenntnis. All das hat er perfekt in einer Person vereinigt und nahtlos miteinander verschmolzen. Es war die von der Kritik am ausgiebigsten gefeierte Darstellung dieser Zeit. Der Film wurde für neun Oscars vorgeschlagen, darunter Newman zum zweitenmal als ›Bester Schauspieler‹. Der Preis ging schließlich an den bei weitem schlechteren Maximilian Schell in *Judgement at Nuremberg* (›Das Urteil von Nürnberg‹), doch immerhin erhielt Newman den British Academy Award.

Nach diesem Höhepunkt seiner Karriere konnte man davon ausgehen, daß jeder nächste Film ein Schritt zurück sein würde, doch *Paris Blues,* der etwa einen Monat später in den Kinos anlief, war eine ganz besonders leichte Kost. In diesem Streifen, seinem zwei-

›The Hustler‹ – ›Haie der Großstadt‹ (1961); mit George C. Scott (Mitte).

ten Film unter Martin Ritt und seinem vierten mit seiner Frau Joanne Woodward, spielt Newman einen amerikanischen Jazzposaunisten, der in Paris lebt und von dem Gedanken besessen ist, ein Konzert zu komponieren. Er hat eine Affäre mit einer amerikanischen Touristin (Joanne Woodward), die ihn bittet, mit ihr in die USA zurückzukehren, doch er ist davon überzeugt, daß eine Ehe sich mit seiner Karriere als Musiker nicht vereinbaren läßt, und bleibt in Frankreich. Die dünne Geschichte wird mit Kompositionen von Duke Ellington verfeinert, zeigt Louis Armstrong bei einer Jam-Session und läßt die Verliebten Hand in Hand durch Paris wandern, wie es zur damaligen Zeit gerade in den französischen Filmen der neuen Welle oft zu sehen war. Außerdem bekommt der Zuschauer noch eine kleine Liebesgeschichte zwischen Sidney Poitier und Diahann Carroll dargeboten.

Wie in *The Hustler* (›Haie der Großstadt‹) spielt Newman einen Mann, dessen Drang, sich aus der Zweitklassigkeit zu lösen, es ihm unmöglich macht, eine Liebesbeziehung einzugehen. Doch während er als Billardspieler durchaus überzeugend wirkte und uns den inneren Konflikt Eddie Felsons augenfällig vorführen konnte, bleibt er als Musiker eher blaß und konturlos. Es gibt viele Kameraeinstellungen, die ihn zeigen, während er Posaune spielt (in der Tat hat er vor Beginn der Dreharbeiten Posaunenunterricht genommen, wenn er im Film auch kein einziges Mal richtig spielt, sondern der Ton von einem Playback kommt) und durch den entsprechend konzentrierten Gesichtsausdruck so etwas wie innere Teilnahme an der Musik vermitteln will. Aber man braucht nur Eddies Monolog beim Picknick mit den folgenden Zeilen zu vergleichen, um zu wissen, was in *Paris Blues* fehlt: »Honey, ich liebe Musik – morgens, mittags, abends, die ganze Nacht. Alles andere ist nur ein billiges Vergnügen, verstanden?«

Newman und Joanne Woodward jedoch spielen gemeinsam so überragend, daß der Film in einigen Szenen sogar richtig interessant wird. Völlig untypisch, ist sie die aggressivere Persönlichkeit von beiden. Seine Musik bewegt sie zutiefst, und sie zeigt ihre Gefühle offen, jedoch lebt er derart in sich selbst zurückgezogen und wehrt dabei jeglichen Einfluß von außen ab, daß er geradezu feindselig und abstoßend wirkt. Kurz darauf entwickelt sich ihre Beziehung wie gehabt: Sie ist entschlossen, mehr aus dieser an sich flüchtigen Bekanntschaft zu machen, und er verhält sich zurückhaltend. Er bewahrt sich seine Eigenständigkeit und ist durchaus bereit, so

›Paris Blues‹ (1961); mit Joanne Woodward.

etwas wie Zuneigung zu ihr offen zu zeigen, zu echter Hingabe und Zärtlichkeit ist er jedoch nicht fähig. In ihrer letzten Schlafzimmerszene spielen sie überzeugend die breite Skala einer sich auflösenden Beziehung aus – von spontaner Annäherung aneinander über eine allmählich einsetzende Entfremdung bis zu seiner Zurückweisung ihrer Liebe.

›Paris Blues‹ (1961); mit Sidney Poitier und Joanne Woodward.

1962 griff Newman dann auf zwei Rollen zurück, die er bereits im Fernsehen gespielt hatte. Die erste war die des Chance Wayne in Tennessee Williams' *Sweet Bird of Youth* (›Süßer Vogel Jugend‹). Er hatte sich ja bereits zehn Monate lang mit diesem Charakter am Broadway beschäftigen können, und seine Leinwanddarstellung war einfach perfekt. Erneut ist er der rücksichtslose junge Mann, der dem amerikanischen Traum nachjagt und auf seinem Marsch zum Erfolg die Menschen auf seinem Weg niederwalzt und die Liebe ausschlägt, die ihn vielleicht vor dem Niedergang bewahren könnte. Chance hat im Grunde nur eine Begabung – er ist ein perfekter Bettpartner – und darauf hat er sich einige Jahre ausgeruht und in dieser Zeit für einige reiche Damen den Lustknaben gespielt – in der Hoffnung, auf diese Weise vielleicht eine lukrative Rolle in Hollywood zu bekommen. Er lernt eine angemottete Filmprinzessin kennen, Alexandra Del Lago, hervorragend dargestellt von Geraldine Page, die ihr Leben dem Wodka, Haschisch, Sauerstoffduschen und jungen, leidenschaftlichen Männern verschrieben hat. Sie verspricht ihm, ihm einen Termin für Probeaufnahmen in einem Studio zu verschaffen, und sie fahren in seine Heimatstadt im Süden der Staaten, wo Wayne seine Jugend-

›Sweet Bird of Youth‹ – ›Süßer Vogel Jugend‹ (1962); mit Shirley Knight.

Links: ›Sweet Bird of Youth‹ – ›Süßer Vogel Jugend‹ (1962); mit Geraldine Page.

Oben: ›Sweet Bird of Youth‹ – ›Süßer Vogel Jugend‹ (1962); mit Jim Douglas und Corey Allen.

freundin Heavenly (Shirley Knight) wiedersehen will, um sie nach Hollywood mitzunehmen. Er weiß jedoch nicht, daß sie bei seinem letzten Besuch schwanger geworden ist, eine Abtreibung hat vornehmen lassen, und daß nun ihr Vater, der mächtige Boß Finley (Ed Begley), nur auf ihn wartet, um ihn fertigzumachen.

Newman ist als grinsender, betont freundlicher und weltmännischer Hochstapler einfach perfekt. In unnachahmlicher Art spielt er diesen Schmarotzer, der sich wie eine Berühmtheit gibt, Namen von bedeutenden Leuten lässig nebenbei fallen läßt, großzügig Trinkgelder verteilt und mehr als einmal verkündet: »Nur weil man Erfolg gehabt hat, braucht man doch seine Heimat nicht zu vergessen.« Er ist zugleich beängstigend echt und abstoßend, wenn er mit Alexandra flirtet und sie umwirbt, während er über ein versteckt mitlaufendes Tonband alles aufnimmt, um sie später damit zu erpressen. Doch er wirkt haltlos und labil in den Szenen, die seine Abhängigkeit von Alexandra vorführen – ein Süchtiger, der ohne seine Amphetamine nicht mehr leben kann und zur Not für seine Gönnerin auch den Clown spielt. Die Fassade seiner Selbstsicherheit bricht jedoch völlig zusammen, als er versucht, sich mit Heavenly zu verabreden und sie zu treffen. Er tritt von einem Fuß auf den anderen, rennt mit dem Telefon im Zimmer herum, reibt seine Hände und jammert endlose Beschwörungen in die Sprechmuschel.

Rückblenden, die es in dem Bühnenstück nicht gibt, zeigen ihn als jungen Mann. Er ist glücklich, unschuldig und kann sich nichts Schöneres vorstellen, als Heavenly zu heiraten, doch Finley verbietet ihm wegen seiner armen Herkunft den Umgang mit seiner Tochter. Er treibt ihn aus der Stadt, damit er in der Fremde sein Glück macht. Das ist der Grund, warum Chance die menschlichen Werte nach und nach vergißt und schließlich seine Fähigkeiten als Mann einsetzt, um vorwärtszukommen.

Chance schafft es nicht, doch er hört nicht auf zu träumen. Bei einem vorhergehenden Besuch erzählt er Heavenly, daß er nun gelernt hat, »wie die Spielregeln zu umgehen sind«. Newman war als erfolgshungriger Emporkömmling noch niemals beklemmender. Mit einem zweideutigen Augenzwinkern verspricht er, das nächstemal mit einem Erfolg in der Tasche wieder in die Stadt zu kommen. »Ich hab' den Schlüssel gefunden, Baby, den Schlüssel zum Erfolg – ich weiß jetzt, wo es langgeht . . . und für mich gibt es nur einen Weg – den kürzesten.« Sie möchte ihn so haben, wie er ist, doch er kann jetzt nicht aufhören. »Mein ganzes Leben lang habe ich draußen gestanden, und die Zeit wird allmählich knapp . . . sie haben einen Ort für die Alten, für die Kranken und für die Heimatlosen, doch es gibt nichts, wohin die Versager sich zurückziehen können.« Er weist sie ab, um sich als Lustknabe durchzuschlagen. »Bitte mich nicht, meinen Traum an den Nagel zu hängen!«

Nun ist es zu spät, und in einer weiteren beeindruckenden Szene lehnt Heavenly es ab, mit ihm zu gehen. Sie läßt sich nicht überreden, reagiert nicht auf seine Beteuerungen und läßt ihn mit seinem Traum allein. Später wird Alexandra von Walter Winchell angerufen, der ihr mitteilt, daß sie auf keinen Fall aus dem Geschäft ist. Chance steht im Hintergrund, massiert seine Hände, kaut auf den Fingernägeln und flüstert ihr aufgeregt zu, sie solle auch von ihm reden und etwas für ihn arrangieren. Sie legt auf, ohne Chance überhaupt erwähnt zu haben, und meint zu ihm: »Du hast etwas an dir vorübergehen lassen, was du niemals hättest vorübergehen lassen sollen – deine Zeit, deine Jugend. Die ist jetzt vorbei – alles, was du hattest, hast du verspielt. Jetzt ist es weg.« Sie erklärt ihm, daß er als ihr Liebhaber bei ihr bleiben kann, bis sie ihn leid ist, und daß es keine Probeaufnahmen geben wird. Als Chance schließlich begreift, daß es ihr ernst ist und wie es mit ihm in Wirklichkeit steht, beschließt er, in seiner Heimatstadt zu bleiben und sich Boß Finley zu stellen.

Newman ist überzeugt, daß Chance seine Strafe erhalten muß, um seine Sünden zu büßen. »Er spricht uns alle an, zeigt auf uns und will uns klarmachen – schaut mich an und werdet euch bewußt, wieviel von mir auch in jedem von euch steckt!« Ebenso wie Eddie muß er für seine Arroganz bestraft werden. In der Bühnenfassung, an deren Ende er von Finleys Sohn entmannt wird, ist die Strafe und die Sühne unmißverständlich, das Ende des Films ergibt jedoch keinen Sinn. Erstens wird aus der Entmannung nur ein heftiger Schlag mit einem Stock ins Gesicht, wodurch, reichlich unwahrscheinlich, das Gesicht völlig entstellt wird. Das kann man noch so gerade verstehen, schließlich wird damit das ›Geschäftskapital‹ des Gigolos vernichtet. Ganz unbegreiflich wird es jedoch, als Heavenly auftaucht und mit Chance davonrennt. Auch wenn der Film seine Übertreibungen und Ungereimtheiten hat, so ist er bis zu diesem Punkt immerhin ein überzeugender Bericht vom Niedergang eines ambitionierten jungen Mannes, daß er jedoch das Mädchen seines Herzens trotz allem heimführen darf, ist ganz einfach absurd. Der Schöpfer dieses Unsinns war der Regisseur und Drehbuchautor Richard Brooks, der auch schon *Cat on a Hot Tin Roof* (›Die Katze auf dem heißen Blechdach‹) ins Kino gebracht hatte, jedoch liegt die Schuld wohl einzig und allein beim Geist Hollywoods, diesem Paradies der Kompromisse.

Im gleichen Jahr polierte Newman auch noch seine alte Rolle aus der Fernsehproduktion *The Battler* auf und verkörperte sie in *Hemingway's Adventures of a Young Man.* Er setzte sich über die Forderung Hollywoods hinweg, daß ein großer Star nicht mehr in kleinen Nebenrollen auftreten solle, denn er mochte diesen Charakter und wollte einmal sehen, wieviel er seit der ersten Version im Jahre 1955 gelernt hatte. Darüber hinaus machte ihm die Arbeit mit Martin Ritt viel Spaß. Und schließlich hatte er auch noch einen ganz besonderen Grund, in dieser Rolle aufzutreten: Er hatte bisher fast ausschließlich Typen verkörpert, deren Ausstrahlungskraft nicht zum geringen Teil auch auf ihrem attraktiven Äußeren beruhte. Endlich wollte er einmal eine Charakterrolle spielen, in der er sogar derart häßlich aussehen mußte, daß er hoffte, die Zu-

›Hemingway's Adventures of a Young Man‹ (1962); als Battler.

schauer würden sich nicht von seinem Titelblattgesicht ablenken lassen und seinem Schauspiel mehr Beachtung schenken. Ironischerweise ist man gleichermaßen abgelenkt, wenn Newman auftritt. Nur bewundert man diesmal die hervorragende Arbeit des Maskenbildners und fragt lieber: ›Ist das wirklich Paul Newman?‹ anstatt der Handlung mit gleicher Aufmerksamkeit zu folgen.

Der Film, der auf Hemingways Nick-Adams-Stories basiert, zeigt die zum Teil bizarren Abenteuer eines jungen und aufstrebenden Schriftstellers (Richard Beymer), der 1917 sein Zuhause verläßt, um das wahre Leben kennenzulernen. Ziemlich zu Beginn des Films wird der junge Mann von einem Güterzug heruntergejagt und trifft auf den versoffenen Champion und dessen schwarzen Manager und Freund Bugs (Juano Hernandez). Battler, nunmehr schon weit über fünfzig Jahre alt, war einst ein ganz hervorragender Sportler. Doch nun verdient er seinen Lebensunterhalt mit miesen Schaukämpfen, sitzt von Zeit zu Zeit im Gefängnis und hat seine Finger in unsauberen Geschäften. Er gleicht Rocky Graziano, nur verlief sein Leben völlig umgekehrt. Während er und Nick in einem Wald am Lagerfeuer hocken, erzählt der Exboxer mit heiserer und abgehackter Stimme von seinem Leben. Es ist erschütternd, mitzuerleben, wie er krampfhaft bemüht ist, seine Gedanken und Erinnerungen zu ordnen. Immer wieder ballt er die Fäuste und schlägt in die Luft, dann wieder läßt er eine Faust in die andere Handfläche klatschen – das Bild eines alten Mannes, der seinen Geist und seinen Körper kaum noch unter Kontrolle hat.

Eine solche Rolle, die den Star bis zur Unkenntlichkeit entstellt, kommt bei den Kritikern nicht selten besonders gut an, und viele schrieben, daß er den alten Boxer mit bedauernswertem Leben erfüllte und eine ergreifende Vorstellung bot. Andere jedoch waren der Meinung, daß er sein Spiel übertrieb und den alten Boxer zu einer Karikatur seiner selbst umdeutete. Bosley Crowther von der *New York Times* schrieb: ›Paul Newman kann es seinem sprichwörtlichen Glück verdanken, daß man ihn nicht erkennt . . . denn er ist einfach schrecklich.‹

In seinem nächsten Film *Hud* (›Der Wildeste unter Tausend‹), gedreht 1963, ist Newman wiederzuerkennen, und er ist hervorragend. Der Titelheld, ein Rindermann im heutigen Texas, ist die Quintessenz von Newmans amoralischen, opportunistischen Einzelgängern. Er ist arrogant, zerrissen von einem brennenden Ehrgeiz und unfähig zu Gefühlen wie Liebe oder Mitleid. Er ist streitsüchtig, trinkt unmäßig, nimmt sich die Frauen mit einer rüden Selbstverständlichkeit (»Die einzige Frage, die ich einer Frau stelle, lautet: ›Wann kommt dein Mann wieder nach Hause?‹«) und schert sich um niemanden sonst als sich selbst. Newman entwickelt die von ihm bereits verinnerlichten Charaktereigenschaften bis zur Perfektion: das zynische Grinsen; die hämisch und bösartig klingende Stimme; der geringschätzige Blick. Er ist das Sinnbild lässiger Gewalttätigkeit und hochstilisierter Einsamkeit, wenn er in seinem rosafarbenen Cadillac durch die Straßen der Kleinstadt röhrt. Gelangweilt hockt er auf einem Zaun, nimmt von Zeit zu Zeit einen Schluck aus seiner Whiskyflasche. Dabei stützt er die Hand in die Hüfte und zieht sich den Hut noch tiefer in die Augen.

Hud ist fast ein Ebenbild von Ben Quick, was an sich nicht verwundern darf, denn Martin Ritt und die Autoren Ravetch und Frank waren auch für *The Long Hot Summer* (›Der lange, heiße Sommer‹) verantwortlich gewesen. Ebenso wie Quick ist er charmant und sexy, womit er die Frauen auf sich aufmerksam macht und eine ganze Menge Saufkumpane hat. Er ist die beste Verkörperung dessen, was Newman sich unter dem schillernden, einnehmenden, virilen, im Grunde jedoch verdorbenen Typ Mann vorstellt, den wir fälschlicherweise als Idol anbeten. Laut Newman soll der Film gerade diese unter der glatten Oberfläche verborgene Verderbtheit ans Tageslicht bringen. Die Handlung entwickelt sich um die Entdeckung von Huds amoralischen Lebenswandel durch Lon (Brandon De Wilde), seinen siebzehnjährigen Neffen. Lon verehrt und bewundert seinen Onkel, schwankt jedoch zwischen Huds Hedonismus und den moralischen Prinzipien von Huds Vater, dem alternden Homer Bannon (Melvyn Douglas), hin und her.

Als Homers Rinderbestand krank wird, will Hud das Vieh schnellstens verkaufen, Homer jedoch ist nicht gewillt, unter Umständen eine Epidemie auszulösen, und läßt die Tiere notschlachten. Hud zeigt seine ganze Skrupellosigkeit, als er darauf dringt, seinen Vater für unzurechnungsfähig erklären zu lassen, damit er sich die Ranch aneignen kann. Ähnlich wie Chance Wayne hat er Angst, sein Leben in Armut zu fristen. »Wenn du nicht beizeiten dein Leben selbst in die Hand nimmst, dann wird die einzige helfende Hand die sein, die deinen Sarg in die Grube hinunterläßt.« Als Hud Alma (Patricia Neal), die Haushälterin, die Lon aus tiefem Herzen anbetet, vergewaltigen will, wendet der Junge sich

›Hud‹ – ›Der Wildeste unter Tausend‹ (1963); als Hud Bannon.

endgültig gegen ihn. Nach Homers Tod verläßt er die Ranch und kehrt Hud den Rücken.

Während Quick trotz allem immer noch einen guten Kern hat und Fast Eddie und Chance durch die schmerzlichen Erfahrungen auf den rechten Weg zurückgeführt werden, bleibt Hud bis zum Ende unverbesserlich. Er weigert sich, seine Fehler einzugestehen und entschuldigt sich, indem er sagt, er wäre nicht weniger verdorben als alle anderen. Als Lon von ihm fortgeht, schreit er hinter ihm her: »Die ganze Welt ist voller Schmutz, und jeder gerät hinein, egal wie sehr man sich auch bemüht, sich davon fernzuhalten!« Dann kehrt er ins Haus zurück, holt sich eine Dose Bier, trinkt, lehnt sich gegen die Tür und schaut hinter Lon her. Anstatt wenigstens jetzt so etwas wie Bedauern zu zeigen, verzieht er den Mund lediglich zu einem zynischen Grinsen, wischt das Thema Lon mit einer Handbewegung beiseite und kehrt ins Haus zurück, wobei er die Tür hinter sich zuwirft. Mag sein, daß ihm sein eigenes Verhalten im Grunde nicht gefällt, und mag sein, daß er sich jetzt aus Enttäuschung vollaufen läßt – immerhin ist er immer noch hart genug, die übrige Welt auszuschließen und sich in seine selbstgewählte Isolation zurückzuziehen.

Newman erzählt, daß die Manager im Studio geplant hatten, Hud sich bessern zu lassen, doch die Filmmacher hatten sich dagegen gesträubt. Der Geist der ›Kompromißlosigkeit‹ wurde bis zum Ende konsequent durchgehalten, und Newman war enttäuscht, daß die Leute trotz seiner Absicht, einen perfekten Schurken darzustellen, in Hud einen positiven Helden sahen. Doch ist dies eine verständliche Reaktion, da der Film letztlich doch voller Kompromisse steckt. Zum Beispiel ist Homer, der Repräsentant des Guten, selbstgerecht, sprudelt über von verlogenen, pseudorechtschaffenen Plattitüden, ist starrsinnig und ganz allgemein wenig ansprechend, während Hud als lebensbejahend, voll übersprühender Vitalität und humorvoll dargestellt wird. Darüber hinaus erscheint Homers Abneigung gegen Hud, dem er vorwirft, sich niemals ernsthaft um die Belange der Ranch gekümmert zu haben, einfach unfair. Ganz offensichtlich hat er Hud unterdrückt und sich ihm verweigert, als er noch ein Junge war, und ihm zu einem Zeitpunkt die väterliche Liebe versagt, an dem er sie am nötigsten gebraucht

›Hud‹ – ›Der Wildeste unter Tausend‹ (1963); mit Brandon De Wilde.

hätte. Damit steht wieder die Problematik der Entfremdung zwischen Vater und Sohn im Raum, und Hud wird in unseren Augen zur positiven Figur.

Selbst in seinen Beziehungen zu seinen Mitmenschen ist Hud nicht grundsätzlich schlecht und abstoßend. Er beweist sogar Regungen von Zärtlichkeit für Lon, vor allem in einer Szene, in der sie sich beide betrinken. An einer Stelle meint Hud fast traurig: »Genieß dein Alter, freu dich, daß du siebzehn bist, und nimm alles, was du bekommen kannst, denn diese Zeit vergeht verdammt schnell!« Bei seinen zynischen Gesprächen mit Alma beweist er Quicks ungebrochenes Selbstbewußtsein auf seine durchschlagende Wirkung als Mann, doch Alma ist eine erfahrene realistische Frau, mindestens ebenso zynisch wie er, und sie scheint seine Versuche, sie zu besitzen, geradezu zu ermuntern, womit sie sich mit ihm auf eine Stufe begibt und sich zwei gleichwertige Partner gegenüberstehen und sämtliche Versuche der Annäherung nicht nur einseitig interpretiert werden können.

Wie soll schließlich ein Schauspieler einen Mann darstellen, dessen Charme seine gesamte Umwelt für ihn einnimmt, ohne diesen Charme auch auf die Zuschauer wirken zu lassen? Natürlich taucht dieses Problem bei allen Newman'schen Bösewichten auf, doch während Quick und Eddie sich am Ende des jeweiligen Films auf die wahren menschlichen Werte besinnen und sich bessern, läuft Newmans Attraktivität und Anziehungskraft dem Konzept völlig zuwider, daß Hud bis auf die Knochen schlecht und abzulehnen ist. Zu diesem Zeitpunkt war Paul Newman bei den Filmfans derart beliebt, daß man sich ganz einfach nicht vorstellen konnte, daß seine Charaktere abgrundtief zu verabscheuende Bösewichte sein könnten.

Hud (›Der Wildeste unter Tausend‹) erhielt mehr lobende Kritiken als jeder andere Film vorher. Er erwies sich als geschäftlicher Erfolg und wurde für sieben Oscars nominiert. Preise gingen an Patricia Neal, Melvyn Douglas und an den Kameramann James Wong Howe. Newman, der dicht vor seinem ersten Oscar stand, meinte: »Ich sähe es lieber, wenn Sidney Poitier den Oscar bekäme. Ich würde mich mehr darüber freuen, wenn ich ihn für eine Rolle bekäme, um die ich habe kämpfen müssen.« Sein Wunsch

›Hud‹ – ›Der Wildeste unter Tausend‹ (1963); mit Melvyn Douglas.

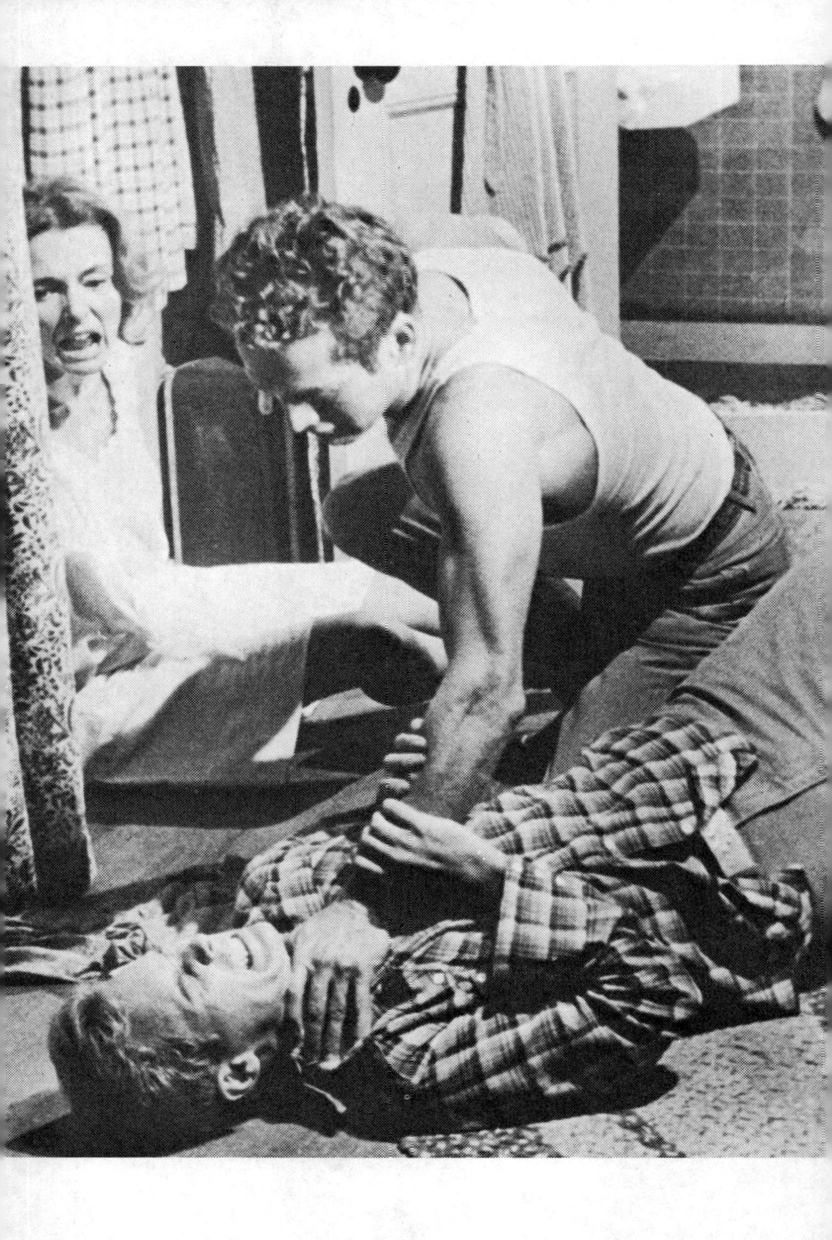

ging in Erfüllung: Poitier bekam den Oscar für seine Rolle in *Lilies on the Field* (›Lilien auf dem Felde‹). Auf jeden Fall befand Newman sich mit *Hud* (›Der Wildeste unter Tausend‹) in Topform, und der Film war das Beispiel für das ›Saat-der-Korruptheit‹-Thema schlechthin. Auch die Charaktere in späteren Filmen würden sich korrumpieren lassen, doch niemals mehr so überzeugend und gründlich.

Für Newman, den Filmstar, war *Hud* (›Der Wildeste unter Tausend‹) ein ganz großes Ereignis. In den Werbeanzeigen konnte man lesen: *Paul Newman ist Hud!* Selten genug hat man diese Form der Werbung gewählt, und sie bewies nur seine Bedeutung: Die Zuschauer gingen nicht mehr ins Kino, um einen Filmhelden namens Hud zu sehen, sondern um sich einen Schauspieler namens Paul Newman anzuschauen. Auch wenn man überall vom Niedergang Hollywoods redete, war man sich jedoch gleichzeitig darüber klar, daß starke Persönlichkeiten immer noch das Volk in die Kinos lockten.

›Hud‹ – ›Der Wildeste unter Tausend‹ (1963); mit Patricia Neal und Brandon De Wilde.

Cool Hand Newman

Freiheit setzt gleichzeitig Verantwortungsbewußtsein voraus. Wenn ein Star wie Paul Newman, der die Möglichkeit hat, sich die Rollen nach eigenem Gutdünken auszusuchen und so sein Image zu bestimmen, derart oft danebengreift, muß man notgedrungen seine Urteilsfähigkeit anzweifeln. Nach *Hud* (›Der Wildeste unter Tausend‹) stieg er mit drei Filmen hintereinander weit unter sein Niveau. Er hatte bisher nur in einer Komödie mitgespielt, und vielleicht wollte er seinen Fans unbedingt beweisen, daß er ebensogut witzig sein konnte (er stand sogar 1964 in einem Lustspiel auf der Bühne, wenn auch nicht am Broadway), doch seine Auswahl von Drehbüchern, die wirklich niemand mehr retten konnte, bewies, daß er wenig Mut hatte. Er verschaffte sich gleichzeitig eine nicht von der Hand zu weisende Entschuldigung. ›Klar, daß der Film nichts geworden ist! Das Material war so schlecht, daß noch nicht einmal Newman etwas daraus machen konnte . . . Seine Schuld ist es ganz bestimmt nicht . . .‹

A New Kind of Love (›Eine neue Art von Liebe‹, 1963), eine geschmacklose Sexklamotte, die schon als Drehbuch unmöglich gewesen sein muß, erwies sich als Newmans schlechtester Film. Hier wird nur ein altes Hollywood-Klischee erneut ausgewalzt: Eine farblose, wenig weiblich wirkende Frau widmet sich ausschließlich ihrer Karriere, anstatt das zu tun, was alle Frauen tun sollten – sich einen Ehemann an Land zu ziehen. Kaum schickt man sie in einen Kosmetiksalon, verpaßt ihr eine neue Frisur, da wird sie ›normal‹ und findet tatsächlich einen Mann. Der ganz neue Dreh an diesem abgedroschenem Thema ist, daß der Mann sie nach ihrer ›wunderbaren‹ Metamorphose irrtümlich für eine Prostituierte hält. Obwohl sie zutiefst verletzt ist und von ihm in beschämender Weise gedemütigt wird, bestätigt sie ihn sogar in seinem Irrtum und erzählt ihm wilde Geschichten aus ihrem ›Berufsleben‹, bis er sich – o Wunder! – tatsächlich in sie verliebt. Die Moral von der Geschicht': Um an einen Mann heranzukommen, sollte man seine kindlichen Sexfantasien befriedigen, anstatt ihm mit einer Karriere imponieren zu wollen.

Joanne Woodward spielt die maskulin wirkende Frau, eine

›A New Kind of Love‹ – ›Eine neue Art von Liebe‹ (1963); mit Robert Clary.

Modedesignerin, die mit ausgefeiltem Make-up und blonder Perücke noch schlimmer aussieht als vorher, und Newman stellt einen Sportjournalisten dar, dessen Trainingsstunden mit Blondinen ihn mindestens einmal den Pulitzer-Preis gekostet haben. Wir sehen ihn wiederum in seiner gewohnten Rolle als saufender Satyr, nur sollen wir ihn diesmal witzig finden. Wie üblich beweist er seine Fähigkeit, Grimassen zu schneiden und hinter Frauen herzusteigen, doch im großen und ganzen wirkt er reichlich steif und unbeholfen.

Als Szenerie dient das buntschillernde Paris, und außer einem Bidet benutzt der Regisseur Melville Shavelson aber auch wirklich alles, um seinen in die Länge gezogenen Herrenwitz aufzumöbeln – die Haute Couture, Maurice Chevalier in einem Gastauftritt, Blickfänge in Hülle und Fülle, endlose Trickaufnahmen und Traumsequenzen, in denen sexuelle Aktivitäten mit Sportarten wie Radrennen und Fußballspielen verglichen werden – doch nichts von all dem kann von der Billigkeit dieses Machwerks ablenken. Kein Wunder, daß die Newmans bis 1969 nicht mehr gemeinsam auf der Leinwand zu sehen waren.

Nach diesem Tiefpunkt in seiner Karriere konnte es nur noch aufwärts gehen, doch Newman hatte sich auch bei *The Prize* (›Der Preis‹) ziemlich verschätzt. Er hatte sich eigens dafür einen Bart stehen lassen wollen, doch bei MGM redete man ihm das aus. »Ich

›A New Kind of Love‹ – ›Eine neue Art von Liebe‹ (1963); mit Joanne Woodward.

›The Prize‹ – ›Der Preis‹ (1964); bei einem Nudisten-Treffen.

hab' um meinen Bart gekämpft wie um mein Vaterland, doch die hatten die vier Millionen Dollar auf ihrer Seite und somit wohl jedes Recht, mir Vorschriften zu machen! Diese Idioten! Die sagten mir doch tatsächlich, daß Gables schlimmster Reinfall sein Film *Parnell* gewesen war, und daß es der einzige Film war, in dem er einen Bart getragen hatte.« Trotzdem machte Newman die Arbeit zu *The Prize* (›Der Preis‹) sehr viel Spaß, und der Streifen wurde recht unterhaltsam, wenn auch ebenso albern. Regisseur Mark Robson und Drehbuchautor Ernest Lehman (beide von *From the Terrace*) verwandelten den an sich ernsthaften Roman von Irving Wallace in ein Konglomerat aus spritziger Komödie, Thriller, Melodram, Romanze, Sexplotte und Spionageabenteuer.

Die recht komplizierte Story beschäftigt sich mit einer Gruppe von Nobelpreisgewinnern, die sich für die Verleihungsfeierlichkeiten nach Stockholm begeben und dort versammelt haben. Newman ist der Preisträger für Literatur, obwohl er in den vergangenen fünf Jahren ausschließlich platte Kriminalromane geschrieben hat, allerdings unter Verwendung verschiedener Pseudonyme. Er ist ein unverbesserlicher Schürzenjäger, braucht regelmäßig sein festes Quantum an Brandy und bekommt eine hübsche Schwedin (Elke Sommer) für die Dauer seines Aufenthaltes als Betreuerin zugeteilt. Doch er wird lange genug von beiden abgelenkt, um Verdacht zu schöpfen, daß der Preisträger für Physik (Edward G. Robinson) von den Kommunisten gekidnappt und durch ein Double ersetzt worden ist. Natürlich glaubt ihm niemand, doch er beschäftigt sich weiterhin mit der Affäre und wird in atemberaubende Abenteuer verwickelt. Am Ende rettet er den Wissenschaftler und darf die Frau seines Herzens heimführen.

Im Ansatz riecht die ganze Story nach Hitchcock, wenn auch nach einem nachgemachten. Man findet Elemente aus *Foreign Correspondent* (›Mord‹) und vor allem *North by Northwest* (›Der unsichtbare Dritte‹), dessen Drehbuch ebenfalls aus der Feder Lehmans stammt. Doch der Typ, der von Newman verkörpert wird, ist weder Fisch noch Fleisch. Seine Beziehungen sind oberflächlich, es gibt zu viele parallel verlaufende Handlungsstränge, und die Stimmung schwankt im Film zu abrupt zwischen todernst und ironisch hin und her. Trotzdem hätte Cary Grant das Material souverän verarbeitet und wahrscheinlich mehr daraus gemacht, als drinsteckte, Newman jedoch geht mit Pauken und Trompeten darin unter. Auch wenn er einige recht lustige Dialogzeilen zum Besten gibt und immer wieder seinen Charme ausspielt, und die ganze Sache ihm offensichtlich Spaß macht, wirkt seine Art, Komödie zu spielen, gewollt und genau durchgeplant. Es sei hier nur an die Szene erinnert, in der Newman auf der Flucht vor einigen schrägen Vögeln in einem Nudistencamp landet. Er wickelt sich in ein Handtuch und verursacht einen gelinden Aufruhr in der Absicht, die Polizei benachrichtigen zu lassen. Diese Szene könnte aus *North by Northwest* (›Der unsichtbare Dritte‹) stammen, nur erregt dort der Held während einer Kunstauktion bewußt entsprechendes Aufsehen, so daß man ihn vom Sicherheitspersonal nach draußen schaffen läßt. Grant ist in dieser Szene überzeugend und locker, Newman zeigt sich in *The Prize* eher unbeholfen.

›The Prize‹ – ›Der Preis‹ (1964); mit Elke Sommer und Edward G. Robinson.

Newman erhielt schließlich die Erlaubnis, einen Bart zu tragen, nachdem er die Hauptrolle für *What a Way to Go!* (›Immer mit einem anderen‹, 1964) angenommen hatte. Wahrscheinlich zeigte man sich deshalb so großzügig, weil ein Newman mit Bart der Vorstellung Hollywoods von einem exzentrischen Künstler am nächsten kam. Mit einem Drehbuch von Betty Comden und Adolph Green und unter der Regie von J. Lee Thompson verfügte diese Superproduktion über ein Budget von vier Millionen Dollar, auf-

›What a Way to Go‹ – ›Immer mit einem anderen‹ (1964); mit Shirley MacLaine.

wendige Kulissen und Shirley MacLaine sowie sechs berühmte männliche Co-Stars, 72 Kleider und ebenso viele verschiedene Frisuren – lediglich um zu verdeutlichen, daß Geld die Wurzel allen Übels ist! Wie *A New Kind of Love* (›Eine neue Art von Liebe‹) soll dieser Film eine spritzige erotische Komödie sein, in der mit aufwendiger Technik ein abgedroschener Witz in verschiedenen Variationen nacheinander durchgespielt wird: Eine Frau will endlich ein geruhsames Leben führen, hat aber das Pech, immer an Männer zu geraten und sie zu heiraten, die es zu Millionären bringen, kurz darauf sterben und ihr den ach so schrecklichen und lästigen Reichtum hinterlassen.

Newman hatte das Glück, nur in einem verhältnismäßig kurzen Stück dieses Desasters aufzutreten. Er ist der zweite von fünf Ehemännern, ein abgewrackter amerikanischer Maler, der in Paris als Taxifahrer arbeitet und eine Maschine erfunden hat, die aus ihr eingegebenen Tönen Ölgemälde herstellen kann. Das Ehepaar ist arm und glücklich, bis Shirley MacLaine der Maschine klassische Musik vorspielt und daraus ein wunderbares Gemälde entsteht. Newman wird von einem auf den anderen Tag reich, baut immer mehr von diesen Maschinen und vertieft sich so in seine Arbeit (schon wieder ein besessener Künstler!), daß er darüber seine Frau völlig vergißt. Irgendwann rebellieren seine Maschinen und erwürgen ihn. Als wäre die irrwitzige Story und die platte Satire auf die moderne Kunst noch nicht genug, wird Newman sogar noch von einem malenden Affen begleitet. Dieser stellt alle übrigen Schauspieler in den Schatten, wenn Newman auch recht lustig wirkt und mit einer Stimme, die der Grazianos gleicht, über moderne Kunst redet oder wie ein Dirigent seine Maschinen zu einem furiosen Schaffensrausch anstachelt.

The Outrage (›Exzeß‹), gedreht 1964, in dem Newman einen gnadenlosen und lüsternen mexikanischen Banditen spielt, war eine notwendige Abwechslung, und Newman faßte diesen Film als echte Herausforderung auf. »Er war ein vollkommen primitiver Mensch, wie ich ihn noch nie dargestellt hatte. Er hatte eine ganz andere Empfindungsebene und . . . einen Akzent, der mir fremd war . . . Ich nahm diese Rolle an, weil ich nicht auf Anhieb sicher sein konnte, daß ich sie in den Griff bekam.« Um sich entsprechend vorzubereiten, verbrachte er zwei Wochen in Mexiko und befaßte sich vorwiegend mit den lokalen Akzenten und Stimmlagen. In der Absicht, sich für diesen Film vollkommen von seinen früheren Rollen zu lösen, trug er eine falsche Nase, dunkle Kontaktlinsen, ließ er sich die Haare kräuseln und schwarz färben und ließ sich einen struppigen Bart sowie einen Schnurrbart stehen. Wie der ›Battler‹ war der Juan Carrasco eine Charakterrolle, in der Newman sich von seinen früheren Rollen und seinem Image distanzieren konnte, und Newman hält sein Spiel in diesem Film für eine seiner besten Leistungen.

Newmans fünfter Film für Martin Ritt – *The Outrage* (›Exzeß‹) – basierte auf dem klassischen japanischen Film *Rashomon,* gedreht 1951 unter der Regie von Kurosawa, und einer amerikanischen Bühnenversion von 1959. Beide Male war das Stück im Japan des achten Jahrhunderts angesiedelt, Ritt jedoch verlegte es in den Süden der Vereinigten Staaten und in die Zeit kurz nach dem Bürger-

krieg. In seiner originalen Version wirkte die ritualisierte Suche nach der Wahrheit überzeugend, doch in einem Western kommt sie einem eher unglaubwürdig und lächerlich vor. Zudem verwischt Ritts Unschlüssigkeit seiner Regieführung, das Schwanken zwischen ernsthaftem Drama und peinlicher Farce, das wahre Anliegen der Vorlage. Abgesehen von der beeindruckenden Kameraarbeit von James Wong Howe war der Film ein Mißerfolg.

Carrasco ist angeklagt, eine Frau (Claire Bloom) vergewaltigt und ihren Mann (Laurence Harvey) ermordet zu haben, doch die vier Augenzeugen sind sich nicht einig. Alle vier sagen aus, daß sie gesehen haben, wie er die Frau vergewaltigt hat, doch nur einer ist sich sicher, daß er auch den Mann umgebracht hat. Trotz der Aussage – daß die Wahrheit relativ ist – spielt Newman den Carrasco in praktisch sämtlichen Versionen gleich, außer in einer. Sadistisch, selbstgerecht und verschlagen, benimmt Carrasco sich aufdringlich, zeigt er dem Gericht seine Verachtung und beschimpft wutschnaubend die Zuschauer und legt ein Übermaß an männlicher Selbstüberschätzung an den Tag, um zu verbergen, daß er nur dann seine Bestätigung findet, wenn er einen Mann an einen Baum fesselt und dessen Frau vergewaltigt. Ein gemeiner, sozial Unterprivilegierter mit einem kaum als menschlich zu bezeichnenden Benehmen und rein tierischen Instinkten, so ähnelt er Rocky Graziano und Billy the Kid. Doch er ist zudem von beiden eine noch schlimmere Version – total amoralisch, nur bedacht auf sein Vergnügen und die Befriedigung seiner Gelüste. In der letzten, wie eine Farce wirkenden Episode verwandeln sich die drei Charaktere plötzlich. Carrasco wird zum Feigling. Er heult und winselt um sein Leben und zeigt sich besserungswillig, wenn die Frau bereit ist, ihn zu heiraten.

Die Rolle gestattet Newman, sich ausgiebig zu produzieren, ähnliches zeigte auch Toshiro Mifune im Film von Kurosawa, und dieser Stil hätte bestens zu dem Thema gepaßt, wenn die anderen ihre Parts nicht so geradlinig heruntergespielt hätten. So erscheint seine Darstellung zu showbetont, breit und übertrieben – Newman bringt seine Nummer und genießt es. Einige Kritiker vermerkten tadelnd, daß sein Akzent und seine heisere Stimme ihn wie eine billige Parodie auf den mexikanischen Banditen klingen ließen. Viel-

Vorhergehende Doppelseite:
›The Outrage‹ – ›Carrasco, der Schänder‹ (1964); mit Laurence Harvey.

›The Outrage‹ – ›Carrasco, der Schänder‹ (1964); als Carrasco.

Oben: ›The Outrage‹ – ›Carrasco, der Schänder‹ (1964); mit Claire Bloom und Laurence Harvey.

Rechts: ›Baby Want a Kiss‹ (1964); in der Bühnenrolle mit Joanne Woodward.

leicht redeten die Männer, die Newman auf seiner Mexiko-Reise beobachtete, wirklich so, doch das wirkt kaum komisch, und wenn die lustige Version endlich beginnt, finden wir sie auch nicht spaßiger als die, die wir uns vorher schon angeschaut haben. Newman verdient Anerkennung, daß er einmal etwas völlig anderes versucht hat, jedoch hat es einfach nicht geklappt. Der Film war ein wirtschaftlicher Mißerfolg.

Nach Beendigung der Dreharbeiten wandte Newman sich wieder der Bühne zu und spielte neben Joanne Woodward in *Baby Want a Kiss.* Sie traten in dieser Komödie, die nicht am Broadway lief, nur deshalb auf – übrigens war das seit *Picnic* ihre erste gemeinsame Bühnenproduktion –, um das Actors Studio finanziell zu unterstützen. Für einige Zeit hängten sie ihre lukrativen Filmjobs an den Nagel, um sich mit einer Wochengage von 117,50 Dollar zufriedenzugeben. Die Vorlage zu dem Stück stammte von ihrem

Freund James Costigan, Regie führte Frank Corsaro. Als am 14. April 1964 die Premiere stattfand, war man sich einig, daß die Laufzeit nicht mehr als vier Monate betragen sollte. Newman war nämlich der Meinung, daß ein Schauspieler nach den allabendlichen Auftritten einer übermäßig langen Spielzeit seine Munition vollkommen verschossen hat und irgendwann farblos wirken muß. Er sagte, er habe seit *Sweet Bird of Youth* (›Süßer Vogel Jugend‹) mindestens 150 Theaterstücke gelesen und schließlich Costigans *Märchen für Erwachsene* ausgesucht, weil es unkonventionell und das Thema nachdenkenswert sei.

Walter Kerr von der *New York Herald Tribune* schrieb, daß es in dem Stück um »jene menschlichen Wesen aus Plastik geht, die der amerikanische Kult um Erfolg, Schönheit, Männlichkeit und sozial gängige Neurosen heutzutage produziert«. Mit anderen Worten war es wieder einmal eine Abhandlung über das Thema des Verrats ethischer und moralischer Werte auf der Jagd nach dem Erfolg. Ähnlich wie die Newmans sind die Hauptpersonen ein berühmtes Schauspielerehepaar aus Hollywood – »ein alternder Junge und ein verwelkendes Genie« – von denen man allgemein annimmt, daß sie eine glückliche Ehe führen. Im Unterschied zu den Newmans jedoch fallen sie überall auf, und sie hassen sich bis aufs Blut. Sie besuchen einen erfolglosen Schriftsteller (Costigan), mit dem sie befreundet sind, und desillusionieren ihn, indem sie ihm ihre wahren Charaktere vorführen.

Newman erhielt einige gute Kritiken, obwohl er als Komödiant immer noch nicht überzeugen konnte. Im großen und ganzen war die Kritik über das Stück nicht gerade überwältigend, doch dank der Popularität der Hauptdarsteller waren die Vorstellungen während der gesamten Spielzeit fast ausnahmslos ausverkauft.

Etwa zur gleichen Zeit wurde bekanntgegeben, daß Newman und Sophia Loren in der Filmversion von Arthur Millers *After the Fall* (›Nach dem Sündenfall‹) zu sehen sein würden, jedoch wurde dieses Projekt niemals realisiert. Dafür bekamen die beiden die Hauptrollen in *Lady L.*, und im August, nachdem das Schauspiel vom Spielplan abgesetzt wurde, ging Newman nach Europa. Bereits von Anfang an stand *Lady L.* unter einem ungünstigen Stern. Schon seit 1958 wollte man in Hollywood Romain Garys berühmten Roman verfilmen; verschiedenen Regisseuren hatte man dieses Projekt angeboten, unter ihnen auch George Cukor. Tony Curtis und Gina Lollobrigida waren für die Hauptrollen engagiert wor-

›Lady L‹ (1966); mit Sophia Loren.

den, doch beide kündigten ihre Verträge wegen eines unzureichenden Drehbuchs. Schließlich erklärte der Regisseur und Drehbuchautor Peter Ustinov sich bereit, das Projekt in Angriff zu nehmen, und machte aus dem an sich ernsten Thema einen teils ernsten, teils lustspielhaften Film. Die Dreharbeiten zu dem Film waren im Frühling des Jahres 1965 beendet, jedoch hielt man das Ergebnis bei MGM für eine derartige Katastrophe, daß man den Streifen bis zum Mai 1966 zurückhielt und ihn erst zwei Mo-

›Lady L‹ (1966); mit Sophia Loren.

nate nach der Premiere eines weiteren Films mit Newman in die Kinos brachte. Schon kurz danach wurde er sang- und klanglos aus dem Verleihprogramm genommen und mit Produktionskosten von zwei Millionen Dollar Newmans schlimmster Flop.

Newman spielt einen charmanten Dieb à la Robin Hood und bombenlegenden Anarchisten im Paris der Jahrhundertwende. Er lernt die Loren in einem Bordell kennen, wo sie als Wäscherin arbeitet, und die beiden verlieben sich auf den ersten Blick ineinander. Dann stößt er in der Schweiz zu einer revolutionären Untergrundbewegung und plant ein Attentat auf einen Prinzen; währenddessen lernt die Loren einen Lord (David Niven) kennen, der ihr anbietet, Newman vor der Polizei zu schützen, wenn sie sich bereit erklärt, seine Frau zu werden. Sie trifft darauf ein Arrangement, das ihr gestattet, sich mit beiden Männern zu vergnügen – eine bizarre *ménage-à-trois,* die über Jahrzehnte bestehenbleibt.

Witzig, elegant, stilvoll in Farbe gedreht und akribisch detailliert in Kulisse und Kostümen, kann man den Film kaum als Desaster bezeichnen. Jedoch schwankt er unschlüssig zwischen solide und exzentrisch, zwischen Ernsthaftigkeit und Slapstick, zwischen Gefühlsseligkeit und Zynismus, nostalgischer Romanze und antiromantischer Parodie. Newman und die Loren scheinen sich niemals ganz sicher zu sein, ob ihre Liebesszenen ernsthaft oder komisch sein sollen, und das Ergebnis legt den Verdacht auf schlechte Darstellung nahe. Ähnlich verhält es sich auch mit den Figuren. Sie sind gleichermaßen ernstzunehmen in ihrem anarchistischen Sendungsbewußtsein sowie lächerlich in ihrer Handlungsweise. Newman, der ziemlich ratlos erscheint, spielt seine Rolle auf eine sonderbar modern anmutende Weise, wobei er den Eindruck von Zurückhaltung und Gleichgültigkeit vermittelt, wann immer er idealistisch und hingebungsvoll wirken soll. Konsequenterweise meinten die Kritiker, Newman sei eine totale Fehlbesetzung gewesen.

Es war nicht zu übersehen, daß Newmans Karriere durch seine letzten Rollen nicht gerade gefördert wurde. Er brauchte wieder einen Achtungserfolg für seine Kritiker – und glücklicherweise bot sich ihm diese Chance 1966 in *Harper* (›Ein Fall für Harper‹), der sein bis dahin bester und populärster Film war. Zum erstenmal seit 1959 drehte er wieder bei Warners und klärte seine Entscheidung folgendermaßen: »Eine Fehde sollte ein ganzes Leben lang gehegt und gepflegt werden, doch dann muß sie eines natürlichen Todes sterben und für immer und alle Zeit begraben werden.« Für Newman war das ein leichtes, denn nun war er ein Star und konnte die Gage und die Prozente am Gewinn fordern, die er für sich angemessen hielt. Angeblich soll er sogar auf eine Änderung des Titels bestanden haben: Der Film basiert nämlich auf dem Roman *The Moving Target* von Ross MacDonald, einem Thriller mit Lew Archer. Newman war bisher mit Filmen, deren Titel mit dem Buchstaben ›H‹ begannen, so erfolgreich gewesen, daß man Archer in Harper umtaufte.

Während des Vorspanns sehen wir Harper unrasiert und ziemlich verkatert aufwachen. Er hält den Kopf unter den Wasserhahn, will sich eine Kanne Kaffee aufbrühen, findet jedoch kein Kaffeemehl. Angewidert und schicksalergeben holt er die Filtertüte vom

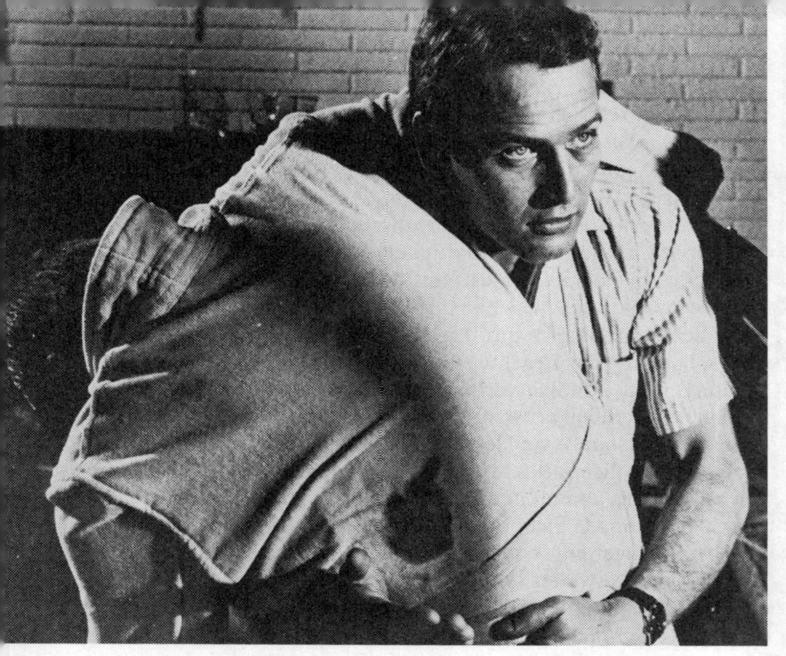

›Harper‹ – ›Ein Fall für Harper‹ (1966); mit Robert Wagner.

Vortag aus dem Abfalleimer und bereitet sich ein richtiges Teufelszeug, das den Namen Kaffee kaum verdient. Innerhalb von Sekunden werden wir in die Szenerie eingeführt, begreifen, daß dies hier kein James Bond in einer Welt des Glamour ist, und identifizieren Harper als einen völlig unheroischen, versoffenen und abgekämpften Privatdetektiv. Während er in der Halbwelt von Los Angeles nach einem verschwundenen Multimillionär sucht, kommen weitere Elemente seines Charakters hinzu: Er ist zäh, sardonisch, *cool*, kratzbürstig und bösartig. Obwohl auch er seine Momente der Sentimentalität und des Selbstmitleids hat, erscheint er meistens als sadistisch und rücksichtslos. Seine Philosophie lautet: »Auf dem Grund liegen all die netten Leute – nur die Creme und die Bastarde kommen an die Oberfläche.«

Die Kritiker feierten Newman als den neuen Bogart, was der

›Harper‹ – ›Ein Fall für Harper‹ (1966); mit Janet Leigh.

Film durch die entsprechend unübersehbaren Hinweise auf *The Big Sleep* (›Tote schlafen fest‹) nahelegt: Ein unlösbar erscheinender und komplizierter Fall mit Haken und Ösen; das im Schatten der Nacht aufblühende Halbweltmilieu Südkaliforniens mit seinen grotesken Typen; die Brutalität; der Zynismus und der schwarze Humor und schließlich der Auftritt von Lauren Bacall – diesmal als verlogene Hexe und Hyäne und nicht als im Grunde liebenswerte Zynikerin. Ebenso wie Bogart ist Harper ein Einzelgänger, der sich in seiner Rolle zu gefallen scheint und jeden Gegner mit der Faust oder einer passenden Bemerkung zum Schweigen bringt. Bogart jedoch handelte nach gewissen moralischen Wertvorstellungen, und als er sich schließlich auslieferte, wurde er zum heldenhaften Kavalier. Harper bleibt unverändert der Antiheld, sowohl moralisch als auch emotional kaum faßbar. Er reagiert völlig mechanisch, weil man es so von ihm erwartet, und er leistet seinen Job nur deshalb ab, weil er es liebt, im Schmutz zu waten.

Was noch wichtiger ist – *The Big Sleep* (›Toten schlafen fest‹) hatte weniger den Kriminalfall und seine Auflösung zum Inhalt, sondern die Beziehung zwischen Bogart und der Bacall, die trotz ihres von beiden Figuren an den Tag gelegten Zynismus besitzergreifender Sexualität in ihrem Kern gegenseitigen Respekt und sehr viel Zärtlichkeit barg. Harpers Umgang mit Frauen wird von seiner Kälte, von Verachtung und sexueller Ausbeutung gekennzeichnet. Er versucht sich einige Male in betont verspielten Wortgeplänkeln mit seiner unzufriedenen Frau (Janet Leigh), jedoch finden diese Gespräche nur am Telefon statt und sind einseitig. Jegliches Gefühl zwischen ihnen ist abgestorben. Er will nur sich selbst beweisen, daß er sie liebt, und sie haßt ihn dafür wie die Pest.

Deshalb gibt es nichts, was uns mit Harper versöhnen könnte. Das ergäbe auch nur dann einen Sinn, wenn beabsichtigt wäre, uns diesen amoralischen Antihelden ablehnen zu lassen, doch Regisseur Jack Smight und die Drehbuchautoren William Goldman und Newman bemühen sich andauernd, unser Mitgefühl und unsere Sympathie zu erwecken. Kurz nachdem er seine Frau verlassen hat, hat er eine seiner zahlreichen Szenen, in denen er die ratlosen Polizisten genußvoll herunterputzt und austrickst, und wir sollen ihm dafür applaudieren. Trotzdem zeigt der Film uns die Schattenseiten unserer verdorbenen Gesellschaft und ihrer Helden, um nachher alles mit einer ironischen Bemerkung beiseite zu wischen. Wir werden angehalten, Harper zu mögen, weil er *cool* ist. Da ist nichts mehr zu spüren von der Gefühlsintensität, dem Charme oder der Verwundbarkeit, die Ben Quick, Fast Eddie – und Bogey – so liebenswert machten. Newman flüchtet sich in Äußerlichkeiten: Er kaut unaufhörlich auf seinem Kaugummi herum, beobachtet seine Umwelt aus den Augenwinkeln, taxiert seine Gesprächspartner, wirkt ansonsten gelangweilt, signalisiert durch seine Gestik ein allgemeines Mißfallen, er lacht hämisch und boshaft, grinst ironisch, prügelt sich herum und amüsiert sich selbst über seine Cleverneß. Er spielt den Tölpel, den Ganoven im Graziano-Stil oder den liebenden Ehemann, doch das alles ist nur eine große und inhaltsleere Show. Nachdem der Film uns scheinbar den Bogart-Mythos wiederbelebt und vorgeführt hat, bleibt nicht viel mehr übrig als ein Westentaschen-James-Bond, und der hinterläßt allenfalls einen schalen Geschmack im Mund.

›Harper‹ – ›Ein Fall für Harper‹ (1966); als Lew Harper.

In Alfred Hitchcocks *Torn Curtain* (›Der zerrissene Vorhang‹), gedreht 1966, spielt Newman einen amerikanischen Kernphysiker, der sich in einer vorgetäuschten Flucht in die DDR absetzt, damit er sich einem Wissenschaftler nähern kann, um ihm die Konstruktionspläne einer Rakete abzujagen. Seine Verlobte (Julie Andrews), die sein Verhalten nicht begreifen kann, folgt ihm, um sich Gewißheit über seine Motive zu verschaffen. In dem Bemühen, sie nicht in Gefahr zu bringen, beläßt er sie in dem Glauben, er wäre ein Verräter, doch als sie ihn in ihrer Ahnungslosigkeit beinahe auffliegen läßt, gesteht er ihr die ganze Wahrheit. Voller Freude erklärt sie sich bereit, ihm zu helfen, und das Abenteuer endet mit einer wilden Jagd, die schließlich wieder in die Freiheit führt.

Die Kombination aus Hitchcock, der Andrews (man hatte sie gerade erst in *The Sound of Music* (›Meine Lieder, meine Träume‹) erleben können) und Newman machte diesen Film zu einem noch größeren Hit als *Harper* (›Ein Fall für Harper‹), welcher wiederum erst zwei Monate vorher in die Kinos gekommen war. Die Kritiker jedoch fanden ihn flach, langweilig und unglaubwürdig. Newman selbst geht achtlos über diesen Film hinweg, indem er meint, er wäre damals so wild darauf gewesen, mit Hitchcock zu arbeiten, daß er die Rolle angenommen habe, ohne das Drehbuch gelesen zu haben. Die beiden Männer kamen nicht besonders miteinander aus, und Hitchcock machte uns auch begreiflich, warum: »Mit der Art, wie Newman an den Stoff heranging, war ich nicht allzu glücklich . . . es fiel ihm schwer, einfach und ganz neutral zu sein, als ich eine solche Kameraeinstellung haben wollte. Anstatt einfach nur zu schauen . . . spielte er die Szene, so wie die Stanislawski-Methode es ihn gelehrt hatte, nämlich mit Gefühl, und außerdem entfernte er sich immer mehr von meiner Intention . . .« Folglich wurden die Dreharbeiten zu einer permanenten Auseinandersetzung zwischen einem streng autoritären Regisseur, der die Schauspieler einmal ›Rindvieh‹ genannt haben soll, und einem Schauspieler, der in allen Details seiner Rolle nach der Motivation sucht und darüber hinaus nicht leicht zu lenken ist.

Trotzdem erleben wir Newman als völlig gefühllos, zumindest verströmt er keine Wärme. In der Tat bemängelten die Kritiker, daß er in einer Rolle eher farblos und brütend wirkte, die ihrer

›Torn Curtain‹ – ›Der zerrissene Vorhang‹ (1966); als Michael Armstong.

›Torn Curtain‹ – ›Der zerrissene Vorhang‹ (1966); mit Julie Andrews.

Meinung nach voller Humor steckte. Doch Kälte und Ernst sind für die Figur geradezu zwingend und entsprechen genau Hitchcocks Konzeption. Anfangs sollen wir teilhaben an der Entfremdung der Andrews von ihrem Verlobten. Später, nachdem wir erfahren haben, daß er überhaupt kein Verräter ist, sollen wir ihn unter einem ganz anderen Aspekt betrachten, doch kurz danach tötet er seinen Widersacher, einen Bösewicht, der auf uns jedoch sympathisch wirkt, womit wieder eine Distanz zwischen dem Helden Newman und uns geschaffen wird. Von diesem Moment an erscheinen seine Aktivitäten kaum noch hinreichend motiviert, auch wenn er der Held des Films ist. Seine Haltung gegenüber der Andrews ist widersprüchlich: Indem sie ihm folgt, bringt sie sich selbst in Gefahr, worüber er sich auch andeutungsweise Sorgen macht, doch ebenso

›Torn Curtain‹ – ›Der zerrissene Vorhang‹ (1966); mit Julie Andrews.

bringt sie auch die ganze Mission fast zum Scheitern, und das ist es in Wirklichkeit, was ihn beschäftigt und beunruhigt.

Daher porträtiert Hitchcock auch einen Antihelden – keinen Glamour-Spion, der patriotisch für das Wohl seines Heimatlandes kämpft und gehorsam die notwendigen Befehle ausführt; ebensowenig ein unschuldiges und sympathisches Opfer wie Cary Grant in *North by Northwest* (›Der unsichtbare Dritte‹), sondern einen Mann, der sich in den Besitz einer wertvollen Information setzen will und dabei keine Rücksichten kennt. Falls er an die Formel herankommt, würde man ihm wahrscheinlich auch seinen alten Job wiedergeben. Insofern ist Newman die genau richtige Besetzung für die Rolle: Seine Art, die Frau zurückzuweisen, seine Rücksichtslosigkeit, seine Bereitschaft, seine Mitmenschen in Gefahr zu bringen und ein Chaos zu entfesseln, sind sattsam bekannte Merkmale im Image Paul Newmans. In dieser Rolle wirkt er seltsam flach und wenig greifbar, weil das Element des Charmes und seiner Selbsterkenntnis völlig fehlt. Mag sein, daß diese Art der Darstellung einer ›neutralen‹ Gefühlslage Hitchcock genau ins Konzept paßt, das Publikum jedoch findet zu dem Filmstoff keinen Zugang und bleibt weitgehend ›draußen‹.

In *Hombre* (›Sie nannten ihn Hombre‹), der 1967 in die Kinos kam, erscheint Newman geradezu überwältigend charmant und liebenswert, denn in letzterem Film führen die Individualität und das grenzenlose Selbstvertrauen seiner Rollenfigur zu einem vollständigen Verlust der Menschlichkeit. John Russell kennt keine Gefühle (außer Wut) und zeigt wenig Vitalität; er hat sich seiner Umwelt entfremdet und ist geradezu sorgsam darauf bedacht, sie sich auch vom Leib zu halten. Russell ist ein Weißer, der von den Indianern großgezogen wurde und von ihnen Hombre genannt wird. Zudem identifiziert er sich mit ihnen. Dabei verweigert er sich der Gemeinschaft der Weißen, die er total ablehnt, und lebt in einer Reservation das Leben eines Indianers. Eines Tages jedoch muß er sich wohl oder übel die Haare schneiden lassen und in die Gesellschaft der Weißen zurückkehren, um ein Erbe anzutreten. Er benutzt für seine Reise zu seinem Bestimmungsort eine Postkutsche, die mit weißen Passagieren besetzt ist. Als diese erfahren, woher der Fremde kommt, nötigen sie ihn, die Fahrt vorn auf der Kutscherbank fortzusetzen. Kein richtiger Indianer und von den Weißen verstoßen, so stellt er den klassischen Ausgestoßenen im Niemandsland dar. Ironischerweise ist Russell der einzige, der die Reisenden vor Banditen beschützen und wieder zu einer bewohnten Siedlung bringen kann. Die Handlung beschäftigt sich hauptsächlich mit der Frage, ob er bereit ist, die Verantwortung für seine Mitmenschen zu tragen.

Hombre (›Sie nannten ihn Hombre‹), bei dem Newman wieder mit dem Team von *Hud* (›Der Wildeste unter Tausend‹) zusammenarbeitete (Regisseur Martin Ritt, die Drehbuchautoren Ravetch und Frank sowie Kameramann Howe), legt den Vergleich mit John Fords klassischem Western *Stagecoach* (›Höllenfahrt nach Santa Fé‹, ›Ringo‹) nahe: einige Menschen, deren Geschichte in Rückblenden erzählt wird, treffen rein zufällig aufeinander, und die Art, wie sie miteinander umgehen, entlarvt ihre wahren Gefühle und wird somit zu einem Lehrstück über Habsucht, Bigotterie und die Bereitschaft, Verantwortung zu übernehmen. In Fords Film jedoch gewinnen die anfangs so negativ dargestellten Personen ihr Ansehen zurück, indem sie sich in der Gefahr doch bewähren, und nur einer von ihnen, der korrupte Bankier, bleibt bis zum Schluß schlecht und unsympathisch. In *Hombre* (›Sie nannten ihn Hombre‹) ist der Vertreter der Korruptheit Favor (Fredric March), ein Indianeragent, der die Indianer um ihre ihnen rechtmäßig zustehende Unterstützung bringt, nicht viel schlechter als die ande-

›Hombre‹ – ›Man nannte ihn Hombre‹ (1967); mit Diane Cilento.

ren. Außer Jessie (Diane Cilento), einer ehrlichen, praktischen Frau, aus dem gleichen Holz geschnitzt wie Patricia Neal in *Hud* (›Der Wildeste unter Tausend‹), sind die Fahrgäste hilflos, feige und selbstsüchtig.

Insofern ist Russell der genaue Antityp zu den John-Wayne-Helden. Wie die Tradition es vorschreibt, ist er selbstsicher und zurückhaltend, nachdenklich und schweigsam, doch anstatt sich als Beschützer der Schwachen zu erweisen, hilft er seinen Mitmenschen nur dann, wenn auch ihm Gefahr droht. Er greift nicht ein, als der gewalttätige Bandit Grimes (Richard Boone) einen Soldaten von seinem Sitzplatz verjagt; er ist auch durchaus bereit, die hilflosen Fahrgäste im Stich zu lassen; fast beiläufig und gleichgültig schickt er Favor ohne Wasser hinaus in die Wüste (»Und was darf ich noch mitnehmen?« – »Dein Leben, reicht das nicht?«) und weigert sich auch, Favors Frau (Barbara Rush), die von einem unstillbaren Haß auf die Indianer beseelt ist, zu retten, nachdem die Banditen sie gefesselt in der glühenden Sonne liegenlassen.

Obwohl er aus einer durchaus berechtigten Wut und Verärgerung heraus handelt, soll Russell auf keinen Fall eine Person sein, mit der man sich anfreunden kann. Mag sein, daß die Behandlung durch die Weißen ihn so grausam gemacht hat, doch grausam ist er auf jeden Fall. Wahrscheinlich um den Zuschauer etwas zu versöhnen, lassen die Drehbuchautoren Russell am Ende doch seine unnachgiebige Haltung ablegen und Favors Frau in Sicherheit bringen, womit er den traditionellen Akt der Läuterung vollzieht. Dieser Schritt erscheint wenig verständlich und völlig aufgesetzt, es sei denn, man erkennt dahinter den Mann, der sich gleichmütig in seine Situation findet und sich darüber klar ist, daß das Leben so oder so sinnlos ist, ganz gleich, ob man sich um seine Mitmenschen kümmert oder nicht. Er liefert sich völlig bewußt den Banditen aus, indem er kein Geld mitbringt, um die Frau auszulösen. Als Grimes im Begriff ist, ihn zu töten, fragt er vorher: »Nun, was meinst du – wie wird die Hölle wohl aussehen?« Russell erwidert lakonisch: »Wir alle müssen einmal sterben – es ist nur eine Frage, zu welchem Zeitpunkt.« Seine Entscheidung, sich in die Höhle des Löwen zu begeben, erscheint unter diesem Aspekt als eine Art Selbstmord durch die Hand anderer und ist überhaupt nicht heldenhaft.

›Hombre‹ – ›Man nannte ihn Hombre‹ (1967); als John Russell.

Newmans Darstellungsweise in diesem Film unterscheidet sich von seinen früheren Rollen vollkommen. Er beschränkt sich nur noch auf das Allernotwendigste. Diese Art der Darstellung ›unterspielen‹ zu nennen, ist immer noch bei weitem untertrieben. Er vermittelt ein Bild vollkommener Ruhe; wenn er agiert, so geschieht das völlig abrupt, fast explosionsartig, doch ebenso plötzlich verfällt er wieder in seinen Zustand der scheinbaren Reglosigkeit. Er teilt sich seiner Umwelt in kurzen, abgehackten Satzfetzen mit und spricht mit einer monotonen, fast leblos wirkenden Stimme. Hinzu kommt, daß sein Gesichtsausdruck sich so gut wie nie ändert; von Zeit zu Zeit scheint es unmerklich zu lächeln, doch die meiste Zeit bleibt es düster, hart, bitter und unergründlich neutral.

Auf den ersten Blick könnte man annehmen, Newman spiele gar nicht, und einige Kritiker nannten seine Darstellungsweise sogar hölzern. Aber man denke nur an Buster Keatons unbewegliche Leichenbittermiene, die wir als keineswegs völlig ausdruckslos empfinden, sondern hinter der wir ein sehr reichhaltiges und intensives Gefühlsleben erahnen können. Russells unergründlicher Ausdruck dient als Maske, hinter der er seine Verwundbarkeit verbirgt. Er erscheint als ein Mensch, der sensibel ist, das Chaos der Welt um sich herum aufnimmt und darüber intensiv nachdenkt. Nicht von ungefähr beginnt und endet der Film mit Großaufnahmen von seinen Augen, und auch während des ganzen Films wird unsere Aufmerksamkeit auf die hellblauen Augen gelenkt, die alles beobachten, überprüfen, abwägen und auch verurteilen.

Von Zeit zu Zeit verschränkt Newman die Arme vor der Brust, als wolle er damit einen Schutz vor den Einflüssen seiner Umwelt aufbauen und sich auch optisch von ihr distanzieren. Die Geste ist der Verteidigungsmechanismus eines Menschen, der viel Leid erfahren hat und damit zu seiner geistigen Haltung der Abkehr auch ein im physischen Bereich angesiedeltes Äquivalent findet. Diese Rolle entwickelt Newman zu einem selbstgerechten, isolierten und unmenschlichen Einzelgänger, und er spielt den Russell in einer Weise, die dem Publikum den Zutritt zum Thema und seinem Darsteller zu verwehren droht. Und genau das tritt auch ein. Ebenso wie in *Torn Curtain* (›Der zerrissene Vorhang‹) wirkt die Hauptperson kalt und abweisend und gestattet keine Identifikation. Immerhin sehen wir ein hervorragendes Beispiel disziplinierter, bis ins kleinste Detail kontrollierter Schauspielkunst.

Newman spielte erneut den zynischen Einzelgänger 1967 in

›Hombre‹ – ›Man nannte ihn Hombre‹ (1967); mit Martin Balsam.

Cool Hand Luke (›Der Unbeugsame‹), doch hier ist er charmant, liebenswert, und alles ist darauf abgestimmt, den Zuschauer für ihn einzunehmen. Ebenso wie in *Hombre* (›Sie nannten ihn Hombre‹) beginnt auch dieser Film mit einer Großaufnahme von seinem Gesicht, jedoch lächelt dieses Gesicht gewinnend. Die Eröffnungsszene, in der er sich mit Bier vollaufen läßt, Parkuhren demoliert und einem Polizisten etwas vorlallt, erinnert an James Deans Auftritt zu Beginn von *Rebel without a Cause* (›. . . denn sie wissen nicht, was sie tun‹). Auch Luke scheint zu rebellieren. Er verletzt bestehende Vorschriften ohne einen erkennbaren Grund, ganz gleich, wo er sich aufhält. Nicht einmal im Zwangsarbeitslager, in das man ihn nach seiner Verurteilung steckt, läßt er sich gefügig machen. Anders als Paul Muni in dem Film *I Am a Fugitive From a Chain Gang* (›Ich bin ein entflohener Kettensträfling‹, ›Jagd auf James‹) von 1932, der nur stiehlt, um sich etwas zu essen zu beschaffen und von der Gesellschaft auf die Bahn der Kriminalität gedrängt wird, ist Luke von Anfang an ein Krimineller. Und seine Gesetzesübertretungen lassen sich nicht mit dem Motiv Hunger erklären. Sein Verhalten ist eine im Grunde bedeutungslose Geste gegen die Autorität an sich, die mutwillige Aktion eines Existentialisten, die nur um ihrer selbst willen vollzogen wird. Luke erwirbt sich unsere Sympathie nicht, weil er ein gesellschaftlicher Verlierer oder das Produkt einer unglücklichen Kindheit ist, sondern weil sein Akt der Rebellion die Wünsche der Zuschauer nachvollzieht und realisiert. Er ist das perfekte Idol der sechziger Jahre, auf seine Art der Typus des Volkshelden.

Anfangs schafft er mit seiner Gleichgültigkeit und seinem Sarkasmus eine gewisse Distanz zwischen sich und seinen Mitgefangenen. Dieser Prozeß der Abkapselung geht so weit, daß der anerkannte Anführer der übrigen Gefangenen, Dragline (George Kennedy), mit Luke einen Streit vom Zaun bricht und ihn verprügelt. Luke bezieht fürchterliche Schläge, kämpft aber weiter. Und diese Haltung, gepaart mit einer ungebrochenen Aufsässigkeit gegenüber den Wärtern, erringt ihm das Ansehen der Männer. Ihre Bewunderung für ihn wächst noch, als er ihnen beweist, daß er fünfzig Eier in einer Stunde essen kann, ein weiterer sinnloser Akt, der vollzogen wird, ›nur um überhaupt etwas zu machen‹. Die Bewunderung seiner Mitgefangenen treibt Luke schließlich in den Untergang. Er rebelliert gegen das Wachpersonal, weil man es allgemein von ihm erwartet, und es findet ein Massenausbruch statt, der zum Teil mißlingt. Einer der Wärter sagt im Film: »Wir haben hier ein Problem, und das ist die Unfähigkeit zur Kommunikation. An einige von den Männern kommt man überhaupt nicht heran.« Obwohl Lukes Willenskraft durch die Folter fast gebrochen wird, bricht er erneut aus. Dragline bewundert ihn und seine Taktik, das Spiel der Wärter mitzuspielen und die ganze Zeit an seinem Fluchtplan zu arbeiten. Doch Luke gesteht, daß er wirklich zusammengebrochen ist und sagt weiter: »Ich habe in meinem Leben noch nie etwas geplant.« Selbst sein letzter Schritt, den Wachen des

›Cool Hand Luke‹ – ›Der Unbeugsame‹ (1967); als Luke.

›Cool Hand Luke‹ – ›Der Unbeugsame‹ (1967); mit George Kennedy.

Arbeitslagers seine Verachtung entgegenzuschreien und sie so weit zu reizen, daß sie ihn schließlich erschießen, ist kein heldenhafter Akt, sondern eher eine impulsive Reaktion.

Darüber hinaus erfüllt sich in dieser Szene Lukes kaum verhohlene Todessehnsucht. Die physische Gewalt, denen die Charaktere Newmans meistens ausgesetzt sind, erreicht hier ihren Höhepunkt, so wie Luke permanent Schmerzen zugefügt werden und er in einer Szene zu Dragline sagt: »Um mich zu besiegen, mußt du mich töten!« Sein rebellisches Verhalten wird von der Verzweiflung über eine durch und durch gleichgültige Umwelt getrieben. Die Männer jedoch brauchen ihren Helden, und Dragline erhält und festigt den Mythos, indem er seinen Gefährten erzählt, Luke habe bis an sein

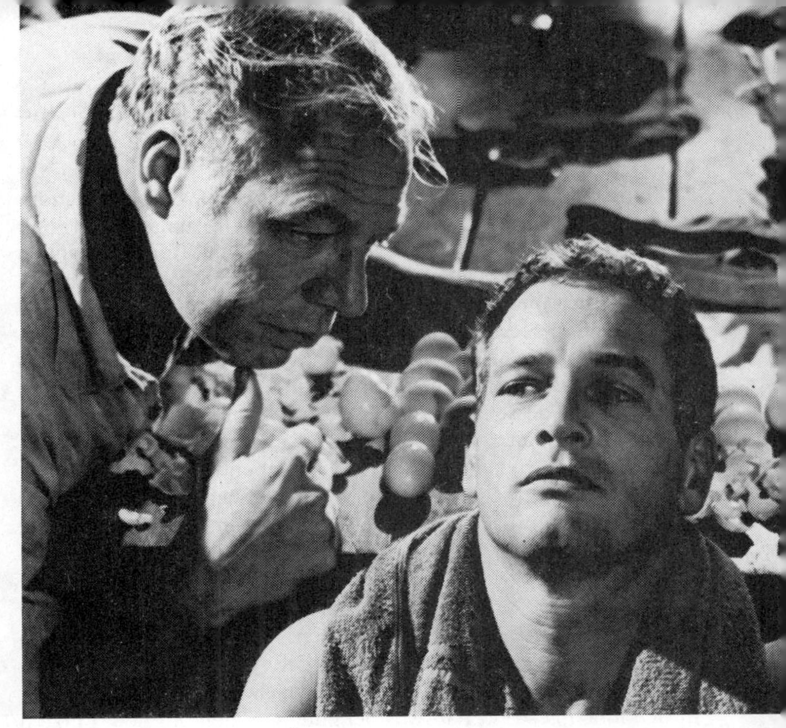

›Cool Hand Luke‹ – ›Der Unbeugsame‹ (1967); mit George Kennedy.

Ende dieses für ihn typische Lächeln auf den Lippen gehabt. Am Ende des Films erscheint eine Trickaufnahme, die Lukes lächelndes Gesicht zeigt – die Vision der Männer von einem unschlagbaren, unsterblichen Helden. Ebenso wie Hombre wird Luke durch einen ungewollten Akt und seine Folgen zum Märtyrer.

Newman erzählte, daß dieses Drehbuch das beste gewesen war, daß er im Verlauf der letzten Jahre je in die Hände bekommen hatte, und er stürzte sich voller Enthusiasmus in die Arbeit zu der Rolle. Er härtete sich sogar ab und gewöhnte sich daran, in Ketten zu gehen. Darüber hinaus verbrachte er einige Zeit in den Appalachen, wo der Film spielt. Seine Darstellung ist eine der besten seiner Laufbahn und stellt eine seiner eingehendsten Studien zum

Thema des Nonkonformismus dar. Ebenso wie in *Hombre* (›Sie nannten ihn Hombre‹) unterspielt er auch hier, jedoch weitaus entspannter und lässiger. Er bedient sich einer ganzen Reihe von Ausdrucksmitteln und zeigt eine ganze Palette von Stimmungen: Abgeschlossenheit, Mißtrauen, selbstmörderischen Mut, Erschöpfung, Ausgelassenheit, Zärtlichkeit, Wut und Resignation. In einer kaum beachteten Szene wird Luke von seiner sterbenskranken Mutter (Jo Van Fleet) besucht. Ähnlich wie ›Rocky‹ Graziano beteuert er, sich immer bemüht zu haben, ein ordentliches Leben zu führen, daß er jedoch den Weg zu diesem Leben bisher nicht gefunden habe. Die allgemeine Stimmung in dieser Szene ist jedoch ganz anders als in der entsprechenden Sequenz zwischen Rocky Graziano und dessen Mutter: Hier werden wir nicht Zeuge von intensiven Gefühlen, sondern wir erleben eher eine Art Unbehagen, Bedauern, Traurigkeit und Schicksalsergebenheit. Newman verrät das tiefe Gefühl für seine Mutter ausschließlich in seinen Blicken und nicht willentlich gesteuerten Reaktionen, während die alte Frau ihm klarmacht, daß sie in ihn einmal all ihre Hoffnungen gesetzt hat.

Der Schauspieler überlebt sogar die Bemühungen des Films, ihn zu einer Christusfigur hochzustilisieren. Außer der kaum zu übersehenden Anspielung auf das Opfer-Erlösungs-Motiv wird er sogar in der Kreuzigungshaltung gezeigt, nachdem er die fünfzig Eier in sich hineingestopft hat, was bei gutem Willen mit dem Letzten Abendmahl verglichen werden kann. Danach folgen zwei reichlich nachlässig konzipierte Dialoge mit einem Gott, den er nicht begreift. Danach kommt er lediglich zu der Erkenntnis: »Ich muß meinen Weg eben allein finden.« Eine im Grunde nichtssagende Erkenntnis, die er aus seiner existentiellen Not gewinnt – doch Newman bringt auch diese künstlichen Szenen überzeugend. Die Art seiner Religiosität wird besser durch den Flaschenöffner gekennzeichnet, den er anstelle eines Kreuzes an einer Kette um den Hals trägt. Und seine Verzweiflung wird noch viel deutlicher in seinen Reaktionen auf den Tod seiner Mutter. Die Männer lassen ihn völlig in Ruhe, und er sitzt auf seinem Bett und spielt auf dem Banjo. Mit trauriger, brüchiger Stimme singt er ein religiöses Spottlied: »I don't care if it rains or freezes, long as I got my plastic Jesus . . .« Er senkt den Blick und fängt an zu weinen, doch gleichzeitig singt er schneller, lauter, zieht sich in sich selbst zurück und vermittelt so den Eindruck totaler Vereinsamung in einer Welt, in der es keinen

Gott gibt. Diese Szene gehört zu den bewegendsten, in denen Newman je zu sehen war.

Für seinen Luke schlug man ihn zum viertenmal für einen Oscar vor. Diesmal verlor er ihn an Rod Steiger für dessen Hauptrolle in *The Heat of the Night* (›In der Hitze der Nacht‹). George Kennedy

›The Secret War of Harry Frigg‹ – ›Der Etappenheld‹ (1968); mit Sylva Koscina.

erhielt die begehrte Trophäe für den ›Besten Darsteller einer Nebenrolle‹. Der Film wurde zu Newmans viertem Besucherrekord in Folge, und die Hollywood Foreign Press Association verlieh ihm dafür den Golden Globe als ›Beliebtester Schauspieler‹.

Sein nächster Film, *The Secret War of Harry Frigg* (›Der Etappenheld‹), gedreht 1968 und eine abgedroschene, stillose Farce, war ein großer Schritt zurück. Es war Newmans zweiter Film unter Jack Smight, sowie sein erster Armeefilm in der Tradition der Streifen, in denen uns vorgespielt wird, daß der Zweite Weltkrieg etwas Lustiges und die Kriegsgefangenenlager bessere Sanatorien waren. Newman stellt den Soldaten Frigg dar, einen Charakter, der entfernt dem Luke ähnlich ist: Ein Rebell und Fluchtspezialist, der immer wieder im Militärgefängnis landet. Als fünf Generale der Alliierten gefangengenommen werden und wenig Lust zeigen, sich aus der luxuriösen Villa in Italien, die als ihr Gefängnis dient, abzusetzen, wird Frigg zum Generalmajor befördert und mit dem Auftrag losgeschickt, die fünf hochdekorierten Soldaten in Sicherheit zu bringen. Doch als er endlich in der Villa ankommt, lernt er die Eigentümerin (Sylva Koscina) kennen, verliebt sich in sie und läßt sich mit seinen Fluchtplänen Zeit.

Frigg erweist sich als zweiter Rocky Graziano. Er verfügt über die gleiche ärmliche Herkunft in den Slums in New York und hat die gleiche Begabung, in Schwierigkeiten zu geraten und sogar im Gefängnis zu landen. Und Newman stützt sich bei seiner Darstellung der Person Friggs auch auf einige Graziano-Manierismen: den New Yorker Akzent, das undeutliche Nuscheln, die nach vorn fallenden Schultern, den hüpfenden Gang, die nervös zuckenden Hände und die rege Mimik. Außerdem bedient er sich sogar einiger Dialogzeilen Rockys. Newman gibt oft Anlaß zur Belustigung als Elefant im Porzellanladen, der jedoch so tun muß, als wäre er General und Abkömmling einer alten und traditionsreichen Familie, und sich statt dessen äußerst unwohl fühlt außerhalb seiner vertrauten Welt.

Newman meint, er habe den Frigg gespielt, weil der Typ ihm gefallen habe und weil »ein Schauspieler immer arbeiten muß«. Es wurde immer schwieriger, annehmbare Drehbücher zu finden. »Was das Material betrifft, so geht es dem Film heutzutage ähnlich schlecht wie dem Theater. Wenn ich wirklich nur dann zugreifen würde, wenn man mir ein wirklich gutes Drehbuch anbietet, dann könnte ich höchstens alle drei Jahre vor der Kamera stehen.« Das

›The Secret War of Harry Frigg‹ – ›Der Etappenheld‹ (1968); Frigg und der General brechen aus dem Gefängnis aus.

hatte zur Folge, daß er in zu vielen unbedeutenden Filmen auftreten mußte, was ihm natürlich überhaupt nicht gefiel, zumal er der Meinung war, daß er sich selbst bei seinen besten Arbeiten nicht weiterentwickelte und seine Kreativität nachließ. »Wenn man auf die vierzig zugeht, dann sollte man etwas ganz Neues anfangen und seinem Leben eine Wendung geben . . . ich stelle fest, daß ich mich gerade in der letzten Zeit permanent wiederhole, sowohl was mein Schauspiel betrifft als auch meine Urteilsfähigkeit, und das wohl nur, weil ich kreativ völlig ausgebrannt bin. Mir fällt nichts Neues mehr ein. Ich bin am Ende.« Es wurde wirklich Zeit für einen Wechsel, und als ihm das erste entsprechende Projekt angeboten wurde, tat Newman einen Schritt, der sich im Nachhinein als überaus erfolgreich erweisen sollte. Er war bereit, das erstemal im Regiestuhl Platz zu nehmen.

Auf neuen Wegen

Für Newman, der sich selbst als ›zerebralen‹ Schauspieler bezeichnet, war die Regiearbeit ein logischer Schritt. »Ich hatte schon immer den Wunsch, irgendwann einmal Regie zu führen, denn die dazu notwendigen Vorarbeiten wie Proben und Schauplatzsuche, die Interpretation der Charaktere und der intellektuelle Aspekt haben mich von jeher mehr interessiert als die Schauspielerei an sich. Das macht mir viel mehr Spaß, als selbst auf die Bühne zu gehen oder vor einer Kamera zu agieren. Letzteres empfand ich viel eher als harte, schweißtreibende Arbeit denn als Vergnügen. Ich glaube, ich habe nicht viel von einem Exhibitionisten an mir.«

Obwohl *Rachel, Rachel* (›Die Liebe eines Sommers‹) allgemein als sein erster Film bezeichnet wird, hatte Newman bereits die Regie bei einem Achtundzwanzig-Minuten-Streifen geführt und ihn auch selbst produziert. *On the Harmfulness of Tobacco,* gedreht 1961, basiert auf einem Theaterstück von Anton Tschechow. Ein Mann (Michael Strong) hält einen Vortrag über die Schädlichkeit des Genusses von Tabak, beschäftigt sich aber ausschließlich mit seiner Frau und beklagt sich über ihren Geiz. Strongs Vorstellung, und damit gleicht er Newman in einigen seiner Filme, wirkt humorlos trocken und zurückhaltend. Newman bedient sich harter Schwarzweiß-Kontraste und erzeugt damit eine unheimliche, expressionistische Atmosphäre. Außerdem beweist er einen erstaunlichen Einfallsreichtum beim Einsatz der Kamera, die den Mann während seiner Rede von verschiedenen Blickwinkeln aus aufnimmt, an ihn heranfährt und sich von ihm entfernt und so als zusätzliches Stilmittel eingesetzt wird.

Trotzdem wird die Darstellung des Themas an keiner Stelle von der Technik überdeckt, was für ein Erstlingswerk erstaunlich, wenn auch in diesem Fall nicht allzu verwunderlich ist. Newman ist schließlich Schauspieler. Von seinen späteren Filmen hat er immer gesagt, daß er die Kamera den Schauspielern folgen ließe und nicht umgekehrt, und diese Auffassung schlägt sich auch schon in seinem ersten Film nieder. Die Kamera wird eingesetzt, um den Charakter des Mannes zu erfassen und darzulegen und hinter dem hilflosen Narren den Menschen mit all seinen Gefühlen und Nöten zu zei-

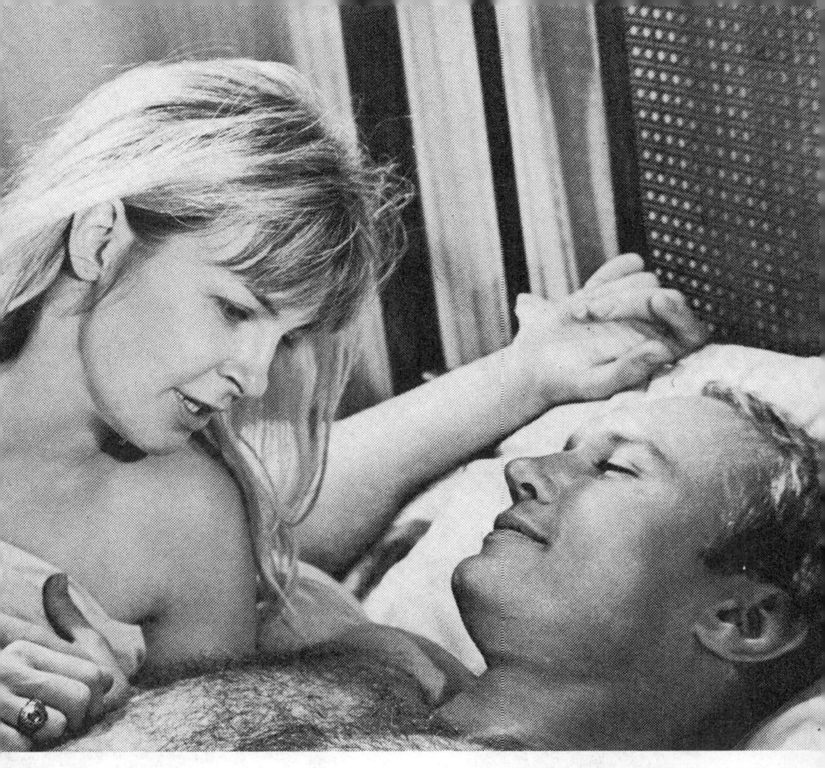

›Rachel, Rachel‹ – ›Die Liebe eines Sommers‹ (1968); Joanne Woodward und James Olson.

gen. Am Ende haben wir uns vollständig mit ihm identifiziert, wenn er in Großaufnahme eingefangen wird und sagt: »Oh, wenn doch die schrecklichen Erinnerungen nicht wären!« *Tobacco* ist ein eindrucksvoller Streifen, in deren Verlauf Newman mit der Unterstützung von Strongs überzeugender Darstellung etwas gelingt, woran viele Filmregisseure scheitern: Ein verfilmter Monolog, der weder bühnenhaft noch übertechnisiert wirkt. Obwohl der Film nur sehr kurze Zeit in den Kunstkinos lief, war Newman damit vollauf zufrieden. »Das war die intensivste kreative Übung, die ich je gemacht habe. Ich war voll und ganz bei der Sache.«

Er wollte wieder einmal Regie führen und beschloß sechs Jahre später, seine Chance wahrzunehmen. Seine Frau entdeckte den Roman *A Jest of God* von Margaret Lawrence, und ihr Freund, der Drehbuchautor Stewart Stern (*The Rack*) begann mit der Arbeit an einem Drehbuch. Sie drängten Newman, die Produktion des Films zu übernehmen, und während man darüber noch verhandelte, interessierte Newman sich mehr und mehr auch für die Regie. Doch selbst er mit seinem in der Filmbranche angesehenen Namen hatte Schwierigkeiten, das Geld zusammenzubringen, denn man hielt den Film allgemein für wenig publikumswirksam. Nachdem viele Gesellschaften abgelehnt hatten, erklärte Warners, seine frühere Alma mater im Filmgeschäft, sich bereit, 700 000 Dollar zur Verfügung zu stellen. Die verhältnismäßig niedrige Summe reichte zur Fertigstellung des Films, der in *Rachel, Rachel* (›Die Liebe eines Sommers‹) umbenannt wurde, nur deshalb, weil Newman und seine Frau auf eine Gage verzichteten und die Dreharbeiten in Danbury Connecticut bereits nach fünf Wochen beendet waren. Es wurde ein echtes Familienprojekt: Sein Bruder Arthur war der Co-Produzent, und Newmans älteste Tochter Elinor (Nell Potts) spielte die Rachel als Kind.

Indem sie ihre Rolle in *Long Hot Summer* (›Ein langer, heißer Sommer‹) wieder aufnahm und variierte, spielte Joanne Woodward eine farblose, gehemmte Lehrerin in einer kleinen Stadt in New England, die plötzlich erkennt, was für ein ereignisloses Leben sie führt. Sie ist jetzt fünfunddreißig, immer noch Jungfrau und wird von ihrer Mutter beherrscht und unterdrückt. Während des Sommers hat sie ein Verhältnis mit einem ehemaligen Schulkameraden. Das Verhältnis scheitert am Ende, jedoch macht sie die Erfahrung, daß auch sie zur Liebe fähig ist. Sie entschließt sich, die Stadt zu verlassen und ihr Leben sinnvoller auszufüllen, ein Schritt, der eher von Hoffnung als von berechtigten Erwartungen gelenkt wird.

Eignet sich das Thema auf den ersten Blick für eine der sattsam bekannten *soap operas*, so erweist der Film sich als ein bewegendes, überzeugendes Schauspiel, das niemals larmoyant oder gewollt depressiv wirkt. Newman dokumentiert sein sensibles Ein-

›Rachel, Rachel‹ – ›Die Liebe eines Sommers‹ (1968); Joanne Woodward als Rachel.

fühlungsvermögen bei der Darstellung der Kleinstadt und ihrem idyllisch wirkenden Leben und Treiben, bei dem von überschäumender Freude begleiteten Wiedersehen und den Ängsten der ersten sexuellen Erfahrungen sowie der Darstellung von Rachels Gegenwart mit ihren schmerzlichen Erinnerungen an eine freudlose Kindheit. Hervorragende darstellerische Leistungen bieten auch Estelle Parsons als ebenfalls alleinstehende und sich einsam fühlende Lehrerin sowie James Olson als erfolgsgewohnter Großstadtmensch, der Rachel am Ende einfach im Stich läßt, übrigens eine typische Newman-Rolle, die von Olson auch im Stil Newmans dargestellt wird.

Insgesamt jedoch gehört der Film ganz allein Joanne Woodward und zeigt sie auf der Höhe ihres Könnens als verwirrte, unbeholfene und vom Schicksal geschlagene, letztendlich jedoch ungebrochene Frau. Sie hat die außergewöhnliche Fähigkeit, nach außenhin einfach, fast farblos auszusehen, und doch von einem inneren Glanz erfüllt zu sein. Es gibt eine Vielzahl ergreifender und bewegender Szenen: Ihre Nervosität bei einem Gottesdienst; ihre Unbeholfenheit beim Zusammensein mit dem Mann; ihre nächtliche Diskussion mit einem verständnisvollen Freund; und schließlich die weite Palette ihrer mimischen Ausdruckskraft, die von strahlender Freude über eine nur mühsam unterdrückte Hysterie bis zu einem dramatischen Tränenausbruch reicht, als sie erfährt, daß sie entgegen all ihrer sehnsüchtigen Wünsche und Hoffnungen doch nicht schwanger ist.

Der Film wurde im Sommer 1967 gedreht, kam jedoch erst im August des folgenden Jahres in die Kinos. Überraschenderweise erwies er sich als enormer Erfolg, er spielte über acht Millionen Dollar ein und wurde von mehr Kritikern zu den zehn besten Filmen der Filmgeschichte gezählt als jeder andere Film, ausgenommen nur noch *The Lion in Winter* (›Der Löwe im Winter‹). Newman und Joanne Woodward gewannen beide den Golden Globe. Außerdem erhielt sie auch noch den Preis der New Yorker Filmkritiker und wurde für den Oscar vorgeschlagen, desgleichen übrigens Parsons, Stern und der Film selbst. Doch obwohl Newman ebenfalls den Preis der New Yorker Filmkritiker erhielt, was allgemein als Hinweis auf einen fast sicheren Oscar angesehen wird, verweigerte ihm Hollywood sogar diese Auszeichnung für seine Regiearbeit.

Seine offensichtliche Unbeliebtheit in gewissen Kreisen in Hol-

›Rachel, Rachel‹ – ›Die Liebe eines Sommers‹ (1968); Rachel im Tabernakel.

lywood mag von seiner stets offen zur Schau getragenen Einstellung gegen Hollywood und seinen Starrummel herrühren, wahrscheinlich muß man die Gründe jedoch eher in seiner politischen Haltung und den damit verbundenen Aktivitäten sehen. Im Jahre 1968 war Paul Newman die erste Persönlichkeit aus dem Showbusineß, die Eugene McCarthy unterstützte, und er unterbrach die Schneidearbeit an *Rachel,* um für den Senator in New Hampshire, Indiana und Wisconsin und anderen Staaten ausgiebig die Werbetrommel bei der Wahl zum Präsidenten zu rühren. Er und Frank Perry produzierten einen fünfundzwanzigminütigen Film über die New-Hampshire-Kampagne und führten die Einnahmen an den

Kandidaten ab. In diesem Sommer nahm er auch als Gesandter Connecticuts an der Versammlung der Demokratischen Partei in Chicago teil.

Newmans politische Aktivitäten gehen zurück auf das Jahr 1956, als er sich an den Wahlkampagnen für Kennedy und Stevenson beteiligte. Intensiv engagierte er sich jedoch erst ab 1964, als er sich öffentlich gegen den Vietnamkrieg aussprach. Überdies nahm er an vielen Bürgerrechtsdemonstrationen teil wie zum Beispiel 1963 am Marsch auf Washington, einer Hausbesetzung in Sacramento und einer Demonstration, die Dr. Martin Luther King in Gadsden, Alabama, veranstaltet hatte. Bei einigen Gelegenheiten konnte man ihn an der Seite Marlon Brandos sehen.

1970 arbeitete er für Joseph Duffy, den liberalen Kandidaten der Demokraten für die Senatorenwahl in Connecticut, und 1972 unterstützte er den Republikaner Paul N. McCloskey in seinem Kampf gegen Nixon um den Sieg in den Vorwahlen. Schließlich war er einer der bedeutendsten Helfer Senator McGoverns aus dem Showbusineß. Newman erinnert sich an 1967: »Die Leute in Hollywood kamen zu mir und fragten mich: ›Warum gehst du so ein Risiko ein? Mach dir auf keinen Fall Feinde. Weit kommst du damit nicht.‹ Und meine Reaktion darauf? ›Laßt mich in Ruhe!‹ Noch bin ich Bürger dieses Landes und habe Rechte und Pflichten. Habe ich die etwa verloren, nur weil ich Schauspieler geworden bin? Soll ich zu allem meinen Mund halten? Im Grunde verlangt man von mir, eine leere Hülle ohne eigenen Willen und Verantwortung zu sein. Sie wollen, daß ich auf meine Persönlichkeit verzichte. Ein Mensch ohne Persönlichkeit hat keine Feinde. Ergo ziehe ich es vor, mir Feinde zu machen!«

Und darin hatte er nicht unbeträchtlichen Erfolg. Als der Senat im Juni 1973 die Watergate Hearings veranstaltete, gab der frühere Berater Richard Nixons, John W. Dean, die vom Weißen Haus erstellte Liste der ›Politischen Feinde‹ heraus, die 1971 aufgestellt worden war. Auf dieser Liste wurde nur ein Vertreter des Showbusineß aufgeführt: Paul Newman. Er wurde folgendermaßen charakterisiert: »Radikal liberal eingestellt. Unterstützte McCarthy 1968. Trat erfolgreich im ganzen Land in Fernsehspots auf. Engagement im Jahr 1972 noch unklar.« Newman trug diese neuerworbene Würde und gab dazu einen Kommentar ab, der aus dem Mund Huds hätte stammen können: »Gordon Liddy beauftrage ich, meine Auszeichnung entgegenzunehmen, und ich danke

›Winning‹ – ›Indianapolis‹ (1969); mit Joanne Woodward.

John Mitchell, Jeb Magruder, John Dean III. und Maurice Stans, die diese Auszeichnung erst möglich gemacht haben!«

Damals, 1968, erhielt Newman als Folge auf seinen Erfolg mit *Rachel* zahlreiche Regieangebote, doch er ließ sich Zeit und wartete auf ein gutes Drehbuch, das seinen Vorstellungen entsprach. In der Zwischenzeit gründeten er und sein Agent John Foreman die Newman-Foreman Company, deren erste Produktion 1969 der Film *Winning* (›Indianapolis‹) war. Regisseur James Goldstone erzählt, daß Newman nach der anstrengenden Arbeit an *Rachel* »seinen Spaß haben, sich in einen Rennwagen setzen und damit eine Menge Geld machen wollte«. Das letztere stimmte sicherlich: Er bekam 1,1 Millionen Dollar, seine bis dahin höchste Gage, plus Prozente an den Einnahmen für seine Gesellschaft. *Winning* (›Indianapolis‹) war eigentlich als Fernsehfilm geplant. Die Story entwickelte sich um Aufnahmen, die von Universal im Jahre 1968 beim 500-Meilen-Rennen in Indianapolis aufgenommen worden

waren. Doch als Newman den Vertrag unterschrieben hatte, blähte sich das Projekt immer weiter auf, bis am Ende ein 7-Millionen-Dollar-Streifen herauskam, in dem nur vierzig Sekunden von dem Universal-Material Verwendung gefunden hatten.

Goldstone erzählt: »Das war von Anfang an ganz allein *sein* Film. Ich war überhaupt nicht in der Lage, irgend etwas an Pauls Image zu verändern, überdies wollte ich es auch gar nicht.« Die Story ist dafür der schlagende Beweis. Newman spielt einen erfolgreichen Rennfahrer, der in einer Kleinstadt eine gerade geschiedene Frau (Joanne Woodward) kennenlernt und sie sehr bald heiratet. Wie gewöhnlich opfert er seiner Karriere fast seine ganze Zeit und vergißt darüber sein Privatleben, und wie in *From the Terrace* (›Von der Terrasse‹) wendet Joanne Woodward sich einem anderen Mann zu – hier einem Konkurrenten ihres Mannes (Robert Wagner). Newman erwischt die beiden im Bett und distanziert sich von seiner Frau, doch nachdem er das große Rennen gewonnen hat, erkennt er, wie leer sein Leben geworden ist und bemüht sich um eine Versöhnung. Damit stellt er wieder einmal einen Sieger dar, der in Wirklichkeit der Verlierer ist.

Laut Drehbuch müßte sich die Beziehung zwischen den jungverheirateten Eheleuten ziemlich oberflächlich entwickeln, Newman und Joanne Woodward jedoch lassen uns daran teilhaben und liefern eine überzeugende Darstellung. Ihr erster gemeinsamer Film seit *A New Kind of Love* (›Eine neue Art von Liebe‹) ist nach *The Long Hot Summer* (›Der lange, heiße Sommer‹) der beste. Sie spielen voller Natürlichkeit und zeigen eine Innigkeit und spontane Zuneigung, die sicherlich nicht zum unwesentlichen Teil aus ihren echten Gefühlen füreinander entspringt. Das wird in der ersten Szene deutlich, in der er leicht betrunken ist, erfreulich verspielt und zuversichtlich (jedoch nicht unangenehm überheblich) seine Versuche fortsetzt, sie anzusprechen, um mit ihr ein Gespräch anzufangen; sie hingegen reagiert mit einem Lächeln und verfolgt mit sichtlichem Vergnügen, wie er mit einem Feuerwehrhelm herumjongliert, gleichzeitig spiegelt ihr Gesicht aber auch Unsicherheit und Ratlosigkeit wider, weil sie nicht weiß, wie sie den charmanten Fremden einschätzen soll. Nach ihrer Hochzeit sitzen sie auf einer Schaukel, trinken Bier aus Dosen, unterhalten sich leise und lachen

›Winning‹ – ›Indianapolis‹ (1969); als Frank Capua.

viel. Sie spricht von ihrer Einsamkeit der vergangenen Monate, und er erwidert in seiner typischen Art: »Bier ist da weniger problematisch.« Sie lächeln sich an, sie streichelt seinen Rücken und legt den Kopf an seine Schulter. Es ist unübersehbar: Diese beiden Menschen kennen sich in- und auswendig und sind sich und ihrer Gefühle füreinander völlig sicher.

Newman spielt seine Reife gekonnt aus. Sein lockerer, lässiger Stil aus *Cool Hand Luke* (›Der Unbeugsame‹) hat einer totalen Ausgewogenheit Platz gemacht. Vielleicht dank seines Erfolges als Regisseur wirkt er so selbstsicher und hat seine für ihn typischen Manierismen abgelegt. Außer seiner offen zur Schau gestellten Begeisterung für den Autorennsport vermittelt er in seinem Spiel eine Entspanntheit, die man bisher bei ihm noch nicht erlebt hat. Obwohl aus dem Drehbuch wenig von seiner Vergangenheit hervorgeht, verkündet sein Gesicht einen reichen Schatz an Lebenserfahrung, der in der Szene, als er seine Frau und seinen Konkurrenten im Bett antrifft, andeutungsweise zutage tritt. Diese Form der Resignation gibt es nur bei jemandem, der ein Leben voller Leid und Enttäuschungen hinter sich hat. Er ist in vielen Szenen zu sehen, denen er durch sein verhaltenes, aber überzeugendes Spiel die notwendige Atmosphäre schenkt: Zum Beispiel die Freundschaft mit Wagner zu Beginn des Films; seine Einsamkeit nach dem Rennen; die tiefe Wärme, die er in der Beziehung zu seinem Stiefsohn (Richard Thomas) verströmt. Die Szenen, in denen die beiden Champagner trinken und betrunken nach Hause kommen, vermitteln zum erstenmal in Newmans Karriere den Eindruck eines väterlichen Gefühls. Ähnliche Szenen, wenn auch nicht in dieser Dichte, konnte man bereits in *Hud* sehen.

Newmans Ausgeglichenheit prägt auch den Film *Butch Cassidy an the Sundance Kid* (›Butch Cassidy und Sundance Kid‹, ›Zwei Banditen‹), gedreht 1969. Regisseur George Roy Hill meint: »Ich sah Butch als einen freundlichen, zugänglichen und liebenswerten großen Jungen, und genau dieser Vorstellung entsprach Paul Newman.« Weil er einen leichtlebigen, mit natürlichem Humor begabten Typ darstellt anstatt einen um jeden Preis lustigen Pos-

›Butch Cassidy and the Sundance Kid‹ – ›Butch Cassidy und Sundance Kid, Zwei Banditen‹ (1969); mit Katharine Ross und Robert Redford.

›Butch Cassidy and the Sundance Kid‹ – ›Butch Cassidy und Sundance Kid‹, ›Zwei Banditen‹ (1969); mit Robert Redford.

senreißer, überspielt Newman seine Rolle nicht, und das Ergebnis ist seine bisher beste Leistung in einer Filmkomödie.

Die Ganoven, die zur Jahrhundertwende ihr Unwesen trieben, werden weder heroisiert wie in den traditionellen Western, noch reinweg verdammt wie in den sozialkritischen Streifen der heutigen Zeit. Statt dessen werden sie mit einem Hauch Ironie gezeichnet und als Männer dargestellt, die einen Fehler nach dem anderen machen, sich nicht gerade von ihrer besten Seite zeigen und sich andauernd etwas vormachen, indem sie Sprüche klopfen und Widrigkeiten aus dem Weg gehen. Und über allem liegt ein Hauch von Sentimentalität und Mitgefühl mit zwei jungen Männern, die unaufhaltsam ihrem Untergang entgegentreiben.

›Butch Cassidy and the Sundance Kid‹ – ›Butch Cassidy und Sundance Kid, Zwei Banditen‹ (1969); mit Robert Redford.

Newman und Robert Redford mögen sich, und damit erzeugen sie den Eindruck einer tiefen Freundschaft und Kameradschaft, wie sie in Newmans Filmen äußerst selten ist. Seine Einzelgänger gehen Freundschaften zu Männern meistens aus dem Weg. Der Geist dieser Beziehung durchsetzt den Film von seiner ersten Szene – eine eher witzige Auseinandersetzung mit einem Mann, der Sundance des Betrugs beim Kartenspiel beschuldigt hat – bis zur letzten Szene, in der man Zeuge eines zu Herzen gehenden Dialogs wird, der trotz des drohenden Untergangs in Gestalt eines gesamten Armeeregiments noch so etwas wie Humor und Zuversicht beinhaltet. Ansonsten wird die Innigkeit ihrer Beziehung in zahlreichen Szenen deutlich: Während des Eisenbahnraubs, während ihrer Flucht vor dem Aufgebot in ihrer geradezu idyllischen Gemeinschaft mit Sundances Freundin Etta (Katharine Ross) sowie während ihrer Flucht nach Bolivien und dem Versuch, endlich ein anständiges Leben zu führen.

Sundance steht der alten Westerntradition näher. Er ist schweigsam, innerlich stark und gefestigt, zurückhaltend und allzeit bereit, der Gefahr die Stirn zu bieten und mögliche Meinungsverschiedenheiten mit dem Colt in der Faust zu entscheiden. Butch hingegen ist der untypische Outlaw: Er ist charmant, fesselnd, hat noch nie jemanden umgebracht und bemüht sich, Schießereien aus dem Weg zu gehen. Er hat seine lustigsten Szenen, wenn er zum Beispiel Sundance überredet, von einem Felsen hinunter in einen Fluß zu springen, um die Verfolger in die Irre zu führen. Sundance gesteht, daß er gar nicht schwimmen kann, worauf Butch lakonisch erwidert: »Du Narr, brauchst du auch gar nicht! Wenn du unten ankommst, bist du längst tot!« Während ihres Überfalls auf die Bank in Bolivien kommt er mit den wenigen, soeben erst gelernten Brokken Spanisch nicht zurecht und muß seine Instruktionen an das Bankpersonal aufschreiben und den verängstigten Leuten die Zettel vor die Nase halten. Und in der berühmten ›*Raindrops Keep Fallin*‹-Szene nimmt Butch Etta auf seinem Fahrrad mit und vollführt anschließend einige akrobatische Kunststücke auf dem Gefährt, eine Szene, die ganz eindeutig improvisiert ist. Während des gesamten Films agiert Newman erstaunlich spontan und beweist seinen ausgeprägten Sinn für Gestik, Mimik und Timing.

Wo Sundance umsichtig und praktisch ist, erweist Butch sich als ein hoffnungsloser Optimist und romantischer Träumer. Er ist eine ins Witzige gezogene Version des Newman'schen Suchers nach unerreichbaren Zielen. Er lebt nach dem Wahlspruch: »Ich kann als einziger richtig sehen, während die ganze Welt eine Brille tragen muß.« Seine Vision von unermeßlichen Reichtümern, die in Bolivien warten, verwandelt sich in einen Alptraum, doch selbst als sie den Tod vor Augen haben, schmiedet er noch Pläne für ihr weiteres Leben in Australien, das letzte ›Ziel in der langen Reihe‹ ihrer Ideen. Während sie vor der Verfolgergruppe fliehen, verliert er keine Sekunde seinen Optimismus, doch darunter spürt man eine geradezu kindliche Sehnsucht nach Sicherheit und Geborgenheit. Er sagt: »Ich glaube, die sind wir los. Was meinst du, sind wir sie wirklich los?« Sundance schüttelt den Kopf. »Ich glaube nein.« Butch: »Ich auch nicht.« Sparsame Hinweise auf seine realistische Betrachtungsweise der Gegebenheiten tauchen auch in anderen Szenen auf und lösen seine lässige Art auf und lassen sie als künstliche Fassade erscheinen. Ein Beispiel: Trotz der an sich problemlosen kameradschaftlichen Dreierbeziehung ist Butch im Grunde der Außenseiter, und er weiß das. Während ihres Urlaubs in New York beobachtet Butch die beiden beim Tanz mit einem Ausdruck der Sehnsucht in den Augen, doch dann lächelt er. Er ist sich seiner Isolation vollauf bewußt, doch er freut sich am Glück seiner Freunde.

Der Film erhielt widersprüchliche Kritiken, und man kann ihm vorwerfen, sich recht freizügig aus anderen Filmen bedient zu haben, vor allen Dingen aus *Bonnie and Clyde* (›Bonnie und Clyde‹). Gleichfalls kann man Anstoß an seiner modernen, und damit anachronistischen Sensibilität, seinem eher lässigen Umgang mit der Gewalt und einer Cleverneß seiner Helden nehmen, die oberflächlich und aufgesetzt wirkt. In diesem Zusammenhang sei daran erinnert, daß William Goldman auch das Drehbuch für *Harper* (›Ein Fall für Harper‹) schrieb. Zugleich jedoch war es auch einer der unterhaltsamsten Filme seiner Zeit, und er spielte alles in allem rund dreißig Millionen Dollar ein. Und obwohl Newman am besten ist, wenn er eine detailliert durchgezeichnete Figur wie zum Beispiel den Eddie aus *The Hustler* (›Haie der Großstadt‹) spielt, bot er doch niemals eine entspanntere und gleichmäßigere Leistung als Schauspieler.

Im Oktober 1969 zahlten Newman-Foreman 500 000 Dollar für die Rechte an Arthur Kolpits Theaterstück *Indians*. Newman sollte den Buffalo Bill spielen, auf der Bühne dargestellt von Stacy Keach, und George Roy Hill war als Regisseur vorgesehen, doch diese Pläne zerschlugen sich. Im gleichen Monat war Newman als Sprecher im Fernsehen zu erleben. Er moderierte *From Here to the Seventies*, eine zweieinhalbstündige Nachrichtensendung der NBC, in deren Verlauf ›Amerika heute und in der Zukunft‹ vorgestellt wurde. Der Produzent entschied sich für Newman, weil er ›ein Repräsentant der heutigen Zeit ist . . . ein verantwortungsbewußter Bürger unseres Landes‹.

Newmans Anteilnahme an brennenden Problemen wird überdies in *WUSA*, gedreht 1970, dokumentiert, den er ›für den bedeutendsten Film‹ hielt, den er je gemacht hatte, und wahrscheinlich auch den besten. Es war der einzige Film, für den auch er durch persönliche Auftritte in Public-Relation-Aktionen warb. Die Kritiker waren weniger begeistert, und der Film, der rund 4,8 Millionen Dollar gekostet hatte, wurde in den USA kaum gezeigt. So hatte Newman nach seinem größten Erfolg auch gleich seinen größten Flop. Newman beklagte sich damals bitter über die mangelnde Bereitschaft des Publikums, der Wahrheit ins Auge zu schauen. Ironischerweise hat der Film genau diese Interesselosigkeit der Öffentlichkeit zum Thema.

Die Idee, daß ein ultra-patriotischer Rundfunksender in New Orleans (WUSA) zur Geburtsstätte eines von rechts gesteuerten Komplotts, die politischen Verhältnisse in den USA zu verändern, wird, wurde von den Kritikern als eine Wahnsinnsvorstellung eines eingefleischten Liberalen abgetan. Heutzutage kann man sich eine solche Selbstgefälligkeit nicht mehr leisten, betrachtet man kritisch die durch die Verfassung abgesicherten Verschwörungen und die Verbrechen, die unter dem Deckmantel von Law & Order begangen und von einer allgemeinen Gleichgültigkeit der Massen begünstigt wurden. Der Film leidet jedoch unter Dialogen, die so aufgesetzt wirken wie Volksreden, der schwerfälligen Regie Stuart Rosenbergs (*Cool Hand Luke*) und der mangelnden Bereitschaft, das Filmthema direkt und ohne Schnörkel anzugehen. (Die Bestrebungen der Station WUSA, das Wohlfahrtsprogramm abzuschaffen, werden akribisch genau aufgezeichnet, doch die wahren Ziele der Organisatoren werden nur am Rande erwähnt und bleiben weitgehend unklar.)

Da die Story so maßlos übertrieben ist, erweist sich wahrscheinlich gerade deshalb Newmans sparsame Spielweise als so effektiv. Der Rheinhardt ist sein bis dahin überzeugendster Zyniker: Seine Ehe ist gescheitert, als Musiker hat er es nicht geschafft. So wurde aus ihm ein saufender Opportunist, so korrupt und amoralisch, daß er sich nichts dabei denkt, bei WUSA einen Job als Ansager anzunehmen. Er ist der klassische Newman-Typ – ein Mensch, der alle Ideale, Ambitionen und Prinzipien über Bord geworfen hat und sich lediglich um sein Überleben in dieser Gesellschaft kümmert und dabei rücksichtslos vorgeht. Er ist sogar noch schlimmer als Hud, denn er kennt die Ziele seiner Arbeitgeber, doch er hält den Mund und spielt das Spiel mit. Mehr noch, er benutzt sein Wissen um die wahren Hintergründe, um sich seine Überlegenheit zu beweisen, indem er im geheimen über die Neo-Faschisten lacht, während er für sie arbeitet. Er brüskiert liberale Weltverbesserer, unterdrückt sie, trickst sie aus, denn er weiß, wo es langgeht. Doch in Wirklichkeit beneidet er sie um ihren Idealismus und löst sich mit

›Wusa‹ (1970); als Rheinhardt.

›Wusa‹ (1970); mit Joanne Woodward.

Hilfe des Alkohols aus seiner traurigen Realität. Seine einzige Fähigkeit ist die des Schauspielerns, des Selbstbetrugs, und was einmal den Charme eines Harper ausgemacht hat, wird nun als mörderische Waffe eines zerstörerischen Geistes entlarvt.

Rheinhardts erster Auftritt – er kommt nach New Orleans, ist unrasiert, müde, zerschlagen und pleite – gleicht dem Auftritt Fast Eddies nach seiner Niederlage gegen Fats, doch nun sieht Newman wirklich so aus, als wäre er am Boden zerstört. Nicht einmal in späteren Filmen ist er so auf den Hund gekommen. Ebenso wie Eddie nimmt er eine verzweifelte, gestrandete Frau, Geraldine (Joanne Woodward), mit, eine ehemalige Prostituierte, die ebenso wie Sarah physisch und psychisch defekt ist. Wie immer porträtiert Joanne Woodward die zerbrechliche, leicht verwundbare Frau, die sich von Newman abgestoßen fühlt, ihm aber schließlich mehr Gefühl entgegenbringt, als er erwidern kann. Sie haben einige innige Szenen, doch mit ihr, so wie mit jeder anderen auch, erscheint er meistens indifferent und wenig überzeugend.

Er weist ihre Liebe zurück und verdrängt ihre Fragen nach seinen Werten, zieht sich in die benebelte Welt seiner mit Whisky gefüllten Thermosflasche und seines Hasses auf die Welt zurück und verläßt sie schließlich. Nicht einmal sein allzeit wacher Sinn für die Realitäten läutert ihn. Während der von WUSA organisierten Demonstration, auf der die Kampagne gegen die Regierung der USA in die Öffentlichkeit getragen und in Gang gesetzt werden soll, betrinkt sich Rheinhardt, der als Ansager fungieren soll, und bekommt von allem nichts mehr mit. Ein Chaos bricht aus, als ein Attentat verübt wird, jedoch fehlschlägt, und während die in Panik geratenen Menschen sich in Sicherheit bringen und aufgescheucht hin und her rennen, hält er eine Rede, in der er alle Klischees der Faschisten unterbringt und sich wiederum beweist, wie überlegen er doch ist. Die mittlerweile völlig haltlose Geraldine kommt ins Gefängnis und setzt wie Sarah ihrem Leben ein Ende.

Als Rheinhardt davon benachrichtigt wird, zeigt er mehr Anteilnahme als je zuvor. Er verfällt in tiefes Schweigen, schließt die Augen und wendet den Kopf. Dabei bemüht er sich, die Tränen zurückzuhalten – doch all das ist nicht mit dem Schmerz Fast Eddies zu vergleichen. Er besucht ihr Grab, dann verläßt er die Stadt und erklärt einem Nachbarn: »Ich war draußen – es ist traurig.« Der Mann erwidert: »Kopf hoch, Rheinhardt, wir alle müssen sterben.« Rheinhardt dreht sich um und schaut ihn (und uns) an und meint:

»Ich nicht – ich überlebe alles. Ist das nicht Klasse?« Dann bleibt das Bild stehen und zeigt sein Gesicht mit dem Ausdruck des Unbehagens und des Ekels. Er weiß, was ihn in diesen Zustand gebracht hat, und ist sich darüber klar, daß die Ursachen in ihm selbst liegen, während Eddie jedoch seine Menschlichkeit wiederfindet, wird Rheinhardt seinen einmal eingeschlagenen Weg fortsetzen und sich niemals ändern.

Newmans nächster Film *Sometimes a Great Notion* (›Sie möchten Giganten sein‹) stand unter einem schlechten Stern. Im Juli 1970, die Dreharbeiten waren bereits seit drei Wochen in Oregon im Gange, feuerte Co-Produzent Newman den Regisseur Richard Colla mit der Begründung, »daß er einige Dinge nicht so sah, wie ich es eigentlich von ihm hätte erwarten können«. Um weitere Verzögerungen zu vermeiden, übernahm Newman die Regie. Doch kurz darauf brach er sich bei einem Motorradunfall den Fuß, und man mußte die Dreharbeiten abbrechen und aufschieben, womit der Film sein Budget von 3,6 Millionen überschritt. Schwierigkeiten bei der weiteren Bearbeitung am Schneidetisch verzögerten die Fertigstellung des Streifens bis Ende 1971, und da man sich bei Universal nicht schlüssig war, wie man für den Film werben sollte, wurde er zu einem wirtschaftlichen Mißerfolg. Damit war der dritte Flop der Newman-Foreman-Company in diesem Jahr perfekt. Man hatte bereits *They Might Be Giants* mit George C. Scott und Joanne Woodward sowie *Puzzle of a Downfall Child* mit Faye Dunaway produziert und in den Sand gesetzt.

Sometimes a Great Notion (›Sie möchten Giganten sein‹) basiert auf dem Roman von Ken Kesey über eine Holzfällerfamilie in der heutigen Zeit, die stur an den Werten des Pionierzeitalters festhält und nach dem Motto lebt: ›Gib um keinen Preis nach!‹ Der Patriarch der Familie, der alte Stamper (Henry Fonda), sein Sohn Hank (Newman) und sein Neffe Joe Ben (Richard Jaeckel) überwerfen sich mit der Gemeinde, in der sie leben, weil sie nicht an einem Streik teilnehmen wollen. Sie gehören nicht zur Gewerkschaft und wollen ihren Vertrag um jeden Preis erfüllen und die geforderte Menge Holz liefern. Über die Feindseligkeit und den Haß ihrer Nachbarn setzen sie sich hinweg, doch der Natur müssen sie sich beugen: Ein Baumstamm verletzt Joe so schwer, daß er ertrinkt,

›Sometimes a Great Notion‹ – ›Sie möchten Giganten sein‹ (1971); als Hank Stamper.

Oben: ›Sometimes a Great Notion‹ – ›Sie möchten Giganten sein‹ (1971); mit Richard Jaeckel.

Rechts: Sometimes a Great Notion‹ – ›Sie möchten Giganten sein‹ (1971); als Regisseur bei den Dreharbeiten.

und ein anderer tötete Henry, indem er ihm den Arm abreißt. Hanks Frau Viv (Lee Remick) verläßt ihn noch am gleichen Tag, und er ertränkt seine Sorgen im Alkohol. Doch schließlich rafft er sich auf, um den Vertrag zu erfüllen und die begonnene Arbeit zu beenden. Er will allein vier Flöße den reißenden Fluß hinunterbringen. Die Streikenden trauen ihren Augen kaum, als Hank, um ihnen seine Verachtung zu beweisen, Henrys abgetrennten Arm an einem Stamm so befestigt, daß er den Mittelfinger in die Höhe reckt.

Hank ist ebenfalls einer von den harten, vom Männlichkeitswahn besessenen Typen Newmans und ähnelt darin Hud. Er ist

streitsüchtig, angeberisch, geht leidenschaftlich gern auf die Jagd, trinkt den ganzen Tag Bier, hat kein soziales Bewußtsein und ist brutal sarkastisch, vor allem gegenüber den Streikenden und seinem Halbbruder Lee (Michael Sarrazin), einem Hippie, der für die Gewerkschaft ist und von *Women's Lib* redet. Hank hat von seinem Vater dessen Stolz auf sein Handwerk, den sturen Konservatismus und den Sinn des Lebens übernommen: »Arbeiten, essen, schlafen, vögeln und saufen – das ist das Leben.« Die Frauen spielen eine untergeordnete Rolle, wie es in den meisten Abenteuerfilmen der Fall ist – sie kochen, halten den Haushalt in Ordnung und sind ansonsten willenlose Sexobjekte.

Newman ist mit dem Film unzufrieden. »Ich würde freiwillig bei einem solchen Stoff nicht die Regie machen wollen.« Man fragt sich, warum er überhaupt in einem Film mitgespielt hat, der dazu verleitet, sich mit konservativen, ultra-rechts stehenden Typen zu identifizieren. Natürlich konnten liberal denkende Schauspieler wie Henry Fonda oder Newman keine geradlinigen John-Wayne-Typen spielen, daher ließen sie die Individualität derartiger Helden oft als eine Art Sturheit und Verbohrtheit erscheinen. Meistens sind sie jedoch positiv dargestellt, und man denkt und fühlt mit ihnen. Das Ende ist unter diesem Aspekt fast zwingend: Ebenso wie Hud und Rheinhardt beweist Hank wenig Selbsterkenntnis und Bereitschaft, sich zu ändern. Er macht weiter wie bisher, nur erwartet man vom Zuschauer, daß er dem ›Überlebenden‹ jetzt applaudiert.

Trotz seiner ideologischen Schizophrenie, den ungenau erklärten Beziehungen und den unlogischen Handlungssträngen ist der Film erstaunlich ergreifend. Newman sagt, er habe nur sehr ungern über sich selbst Regie geführt, doch seine Darstellungsweise ist überzeugend und diszipliniert, und er integriert sich damit perfekt in das gesamte Ensemble. Er stürzt sich mit Hingabe in das harte Leben der Flößer, ebenso wie er in der vom Film geforderten Atmosphäre der Kameradschaft unter den Holzfällern voll und ganz aufgeht. Damit schließt der Film an die Tradition der hervorragenden Abenteuerfilme der dreißiger Jahre an.

Dieses maskuline, an Brutalität grenzende Abenteuer steht in scharfem Kontrast zu den beiden eher introvertierten, feinfühligen Frauenfilmen, die er gedreht hat, doch interessanterweise entspricht diese Kombination von männlicher Härte und ausgesprochener Sensibilität genau Newmans Leinwandimage. Bezeichnenderweise ist der Höhepunkt des Films – die Szene, in der Joe ertrinkt – ein gefühlvolles Drama zweier rauher Männer. Als Joe von dem Baumstamm eingeklemmt wird, versucht Hank alles mögliche, um die schwere Last zu bewegen, während Joe flapsige Bemerkungen macht, um seine Schmerzen zu vergessen. Sie hoffen, daß die steigende Flut den Baumstamm vielleicht mitnimmt, doch es wird Abend, das Wasser steigt auch, jedoch rührt der Stamm sich keinen Millimeter, und die Witze werden immer gequälter. Joes Kopf gerät unter Wasser, und Hank bewahrt ihn durch Mund-zu-Mund-Beatmung vor frühzeitigem Ertrinken, was Joe trotz seiner Lage ausnehmend amüsiert. Er lächelt, streicht über Hanks Kopf und bricht in schallendes Gelächter aus, wobei er Wasser schluckt und schließlich doch ertrinkt.

Die Ausgewogenheit von Humor und Schrecken, die indirekte Darstellung der ablaufenden Zeit, das feinfühlig dargestellte Element brüderlicher Liebe, die hervorragende Darstellungsweise der Schauspieler (Jaeckel wurde für den Oscar vorgeschlagen) und Newmans gekonnte Verwendung langer Aufnahmesequenzen, womit er ihre grauenvolle Einsamkeit und Hilflosigkeit intensiviert, sowie der sparsamen Nahaufnahmen, die ein Gefühl der Abgeschiedenheit erzeugen, schaffen die beste Szene, die er je gedreht hat.

Newman mußte noch einen Film für die First Artists Production Company drehen, die er, Barbra Streisand und Sidney Poitier im Jahre 1969 gegründet hatten. Steve McQueen beteiligte sich 1971 an der Gesellschaft. Verschiedene Projekte wurden für 1971 geplant, darunter *Hillman*, in dem Newman aus einem Haus vertrieben werden sollte, das er sich aus Abfall gebaut hatte, und *Where the Dark Streets Go*, in dem er einen Priester darstellen sollte. Keiner von beiden wurde begonnen, jedoch weckten diese Planungen sein Interesse an andersgearteten Rollen. Diese fand er schließlich in *Pocket Money*, der von First Artists produziert und 1972 in die Kinos gebracht wurde. Es war sein dritter wirtschaftlicher Reinfall.

Stuart Rosenberg führte bei diesem Film die Regie, einer modernen Westernkomödie um Jim Kane, einen gutmütigen, unglaublich naiven, grundehrlichen Cowboy aus Texas, der einen heruntergekommenen Lastwagen als letztes Besitztum verteidigt, mit seinen Unterhaltszahlungen und Bankkrediten hoffnungslos im Rückstand ist, und dem ein Geschäft nach dem anderen schiefgeht. Auf der Suche nach neuen Einkünften fährt er nach Mexiko,

Oben: ›Pocket Money‹ (1972); als Jim Kane.
Rechts: ›Pocket Money‹ (1972); mit Lee Marvin.

um Rinder für einen Rodeolieferanten in die Staaten zu bringen. Der Händler ist ein ziemlich windiger Bursche, doch der vertrauensselige Jim hat seinen Narren an ihm gefressen und geht für ihn durchs Feuer. Er macht alles falsch, was man falsch machen kann, daher beschließt sein alter Kumpel Leonard (Lee Marvin), ihm zu helfen. Leonard ist der genau entgegengesetzte Typ. Auf Wirkung bedacht, gerissen und mit allen Wassern gewaschen, träumt er davon, reich zu werden. Er hält sich für einen der besten Kenner Mexikos und versucht mit jedem, der ihm begegnet, ein Spielchen zu

machen. Er überredet Kane, die Mexikaner übers Ohr zu hauen, doch es stellt sich heraus, daß er ebenso ahnungslos ist wie sein Freund, und die beiden verlieren ihr ganzes Geld.

Außerordentlich flach und fast langweilig mit langen Pausen zwischen Aktion und Dialogen ist *Pocket Money* ein mageres Zeugnis aus Newmans bester Zeit. Ganz bewußt spielt er gegen sein Image. Noch nie zuvor hat er einen derart hilf- und erfolglosen Verlierer-Typ dargestellt. Er spricht mit einer hohen, nasalen Stimme, benimmt sich wie ein Halbwüchsiger, blickt permanent verwirrt in die Welt und trägt Jeans, in denen er O-Beine hat. Er ist an einigen Stellen sogar spaßig anzusehen. Marvins Rolle als lauter Hans-Dampf-in-allen-Gassen gibt mehr her. Newman hingegen ist verhältnismäßig leise, unauffällig und scheint seinem Partner nur die Stichworte zu liefern. An einer Stelle jedoch geht er aus sich heraus und wirft einen Fernsehapparat aus einem Motelfenster, um einen Mann aufzuhalten, der ihn betrogen hat. So sieht wohl die moderne Version des klassischen Showdown des alten Western aus – *High Noon*, dargestellt von einem Versager, dem modernen Anti-Helden.

In den klassischen Westen kehrte Newman 1972 in John Hustons *The Life and Times of Judge Roy Bean* (›Das war Roy Bean‹) zurück, doch auch dieser Film ist eine Komödie und hat als Hauptperson einen Anti-Helden. Bean kommt 1890 nach Vinegaroon in Texas und wird prompt zusammengeschlagen, ausgeraubt und von Banditen und Huren aufgeknüpft. Das Seil reißt, und er kehrt zurück, wo er jeden, der ihm vor den Lauf kommt, aus unstillbarer Rache niederschießt. Dann erklärt er sich selbst zum Gesetz westlich des Pecos, macht den Saloon zu seinem Gerichtshof und verfolgt sein Lebensziel, für die Ehre seiner Angebeteten, der Schauspielerin Lily Langtry, allzeit zu kämpfen. Er nimmt sich Marie, ein mexikanisches Mädchen (Victoria Prinicipal), zur Geliebten und übt Gerechtigkeit, indem er Männer aufhängt und ihr Hab und Gut konfisziert, um die Stadt, die er mittlerweile in Langtry umbenannt hat, zu Reichtum und Ansehen zu bringen. Eines Tages protestieren die Einwohner der Stadt gegen seine Methoden, und Bean – Marie ist mittlerweile bei der Geburt eines Kindes gestorben – verläßt als Geschlagener die Stadt.

›The Life and Times of Judge Roy Bean‹ – ›Das war Roy Bean‹ (1972); als Judge Roy Bean.

›The Life and Times of Judge Roy Bean‹ – ›Das war Roy Bean‹ (1972); bei den Dreharbeiten mit dem Regisseur John Huston.

Zwanzig Jahre später, man schreibt das Jahr 1925, wird die Stadt von Alkoholschmugglern und Ölsuchern beherrscht. Wie aus dem Nichts taucht plötzlich Roy Bean auf, mittlerweile siebzig Jahre alt, und reinigt die Stadt, indem er nach und nach die Gangster erschießt. Während einer Schießerei gerät das Öllager der Stadt in Brand, und alles versinkt in Schutt und Asche. Bean findet ein ehrenvolles Ende, als er durch die Flammen reitet und den Namen seiner geliebten Lily hinausbrüllt.

In gewissem Sinne hat Newman damit den Kreis geschlossen, den er als Billy the Kid begonnen hatte, als dieser sagte: »Ich bin das Gesetz« – und als Richter, Geschworener und Henker für Recht und Ordnung in seinem Sinne sorgte. Doch während Billy als neurotischer, bemitleidenswerter Halbwüchsiger dargestellt wird, ist Bean ein geradliniger, durchschaubarer und maskuliner Primitiver. Der echte Bean starb im Jahr 1903, doch der Drehbuchautor John Milius änderte dieses Datum, um Bean, den rauhen Individualisten, mit den unpersönlich professionellen Gangstern der zwanziger Jahre zu konfrontieren, und obwohl auch Bean ein Killer ist, killt er mit Stil. Im Film wird versucht, Bean zu einer fast liebenswerten Persönlichkeit wie Butch Cassidy aufzubauen. Er hängt die Gangster auf und erschießt sie, während er Bibelsprüche herunterbetet und andere Weisheiten von sich gibt, und wenn jemand stirbt, so hat er immer einen lockeren Witz auf den Lippen.

›The Life and Times of Judge Roy Bean‹ – ›Das war Roy Bean‹ (1972); mit Anthony Perkins.

Ein Mann, der von den Deputies erschossen wurde, wird von Bean mit einer Geldstrafe belegt, weil er ›herumlag‹.

Newman, dessen Stimme rauh klingt und dessen Gesicht zur Unbeweglichkeit erstarrt ist, versucht, das Beste aus dem ihm zur Verfügung stehenden Material zu machen. Seine spaßigsten Szenen hat er mit einem riesigen Bären namens Bruno, der Bean sehr ähnlich ist, ebenso wie er permanent Bier trinkt und ziemlich gewalttätig mit den Outlaws umspringt; in einer Sequenz imitiert er sogar Beans hoffnungslose Liebe zu Lily Langtry und leckt im betrunkenen Zustand das Plakat ab, auf dem die Schauspielerin zu sehen ist. Im Film *The Westerner* (›In die Falle gelockt‹, ›Der Westerner‹), gedreht 1940, hat Walter Brennan als Bean Gary Cooper in den Hintergrund gedrängt; hier besorgt Bruno mit Newman das gleiche. Trotz aller Bemühungen gelingt es dem rauhen Humor und den derben Späßen nicht, die Tatsache zu verschleiern, daß er im Gegensatz zu Butch Cassidy Bean ein brutaler und gefährlicher Bursche ist. Selbst die anderen Elemente aus Butch Cassidy – das lyrische Liedintermezzo, die wunderschönen Trickaufnahmen und die lockeren Dialoge – wiegen die Brutalität und den Schrecken vor allem über Beans abschließendes Blutbad nicht auf.

Da Bean weder ein Schlächter noch ein Clown ist, müssen die Versuche, für ihn Sympathie zu wecken, einfach erfolglos bleiben, wenn es auch eine wunderschöne Szene gibt, in der er mit Marie vor der Kulisse eines malerischen Sonnenuntergangs einen Spaziergang macht, ihr von seinen Träumen über die Stadt erzählt und dann das Lied *The Yellow Rose of Texas* singt. Als sie stirbt, wird Bean zur tragischen Gestalt. Er erkennt seine Liebe zu ihr zu spät, umarmt sie und schreit sein Leid in die Welt hinaus. Doch kurz danach will er den Arzt an den Galgen bringen, weil er zu spät gekommen ist, und wir werden von diesem Mann wieder abgestoßen und begegnen ihm sehr distanziert. Symptomatisch für das Groteske an dem Film ist die Tatsache, daß der Tod des Bären um vieles tragischer wirkt. Beans einziger Gefühlsausdruck, der die Zeiten überdauert, ist seine Verehrung, die er der Schauspielerin Lily Langtry entgegenbringt. Er hat sie nie getroffen, und man sieht zum erstenmal, daß Newman eine Frau auf einen Podest stellt. Natürlich wird sie damit zu einem erträumten Ziel, das er nie erreichen wird, und Marie, seine Geliebte, behandelt er wie üblich ziemlich herablassend.

Die letzte Szene, in der Jahre nach Beans Tod die legendäre Lily

Langtry, dargestellt von der ebenso legendären Ava Gardner, in die Stadt kommt, um das Museum, das man ihr zu Ehren eingerichtet hat, zu besuchen, ist beklemmend genug, um die Zuschauer wieder zu versöhnen. Doch der Film ist kaum als Meilenstein für Hustons Werk zu betrachten. Er hat hoffnungslose Träumer viel überzeugender in *The Treasure of the Sierra Madre* (›Der Schatz der Sierra Madre‹) und *The Asphalt Jungle* (›Asphaltdschungel‹) beschrieben. Auch dieser Film wurde ein geschäftlicher Mißerfolg für Newman. Jedoch hatten er und Huston so gut zusammengearbeitet, daß sie sich 1973 für *The Mackintosh Man* wieder zusammentaten.

Zuvor führte Newman jedoch bei seinem dritten Film Regie. Es war *The Effect of Gamma Rays on Man-in-the-Moon Marigolds* (›Die Wirkung von Gammastrahlen auf Ringelblumen‹), gedreht 1972, dessen Drehbuch von Alvin Sargent auf dem Schauspiel von Paul Zindel basierte, für welches er den Pulitzerpreis bekommen hatte. Joanne Woodward spielte die Beatrice Hunsdorfer (›Betty the Loon‹), eine keifende, vulgäre, kaugummikauende, biertrinkende Megäre. Sie lebt in einem verkommenen Haus in einer miesen Kleinstadt. Ihr Mann hat sie verlassen, sie ist nicht in der Lage, die Verantwortung für die Erziehung ihrer beiden halbwüchsigen Töchter zu tragen und fühlt sich vom Leben im allgemeinen angewidert. Sie verbirgt ihre Verzweiflung hinter Sarkasmus, abgeschmackten Witzen und der gefühllosen Art, in der sie ihre Töchter behandelt. Doch sie zeigt auch Herz, wenn sie die Zeitungen auf der Suche nach Stellenangeboten durchblättert und von einer gepflegten Teestube träumt, obwohl sich in ihrem Haus der Abfall türmt und auch sie selbst ziemlich verschlampt aussieht.

Der Film konzentriert sich auf die beiden Mädchen und darauf, inwieweit sie der zynische, oft selbstzerstörerische Humor und bittere Ausblick auf die Welt ihrer Mutter in ihrer Entwicklung beeinflußt hat. Ruth, die ältere, ist ein typisches heranwachsendes Mädchen, das hinter den Jungen her rennt und ebenso wie Beatrice eine sarkastische Einstellung an den Tag legt, hinter der sie ihre Frustrationen und Ängste verbirgt. Von Alpträumen gequält und von epileptischen Anfällen heimgesucht, versinkt sie und gibt sich geschlagen. Matilda ist scheu, sensibel und introvertiert. Obwohl es scheint, als würde sie zerbrechen, löst sie sich aus ihrer häuslichen Umgebung und erweist sich als die Stärkere. Als außerordentlich intelligente und erfolgreiche Studentin der Naturwissenschaften

Links: ›The Effect of Gamma Rays on Man-in-the-Moon Marigolds‹ – ›Die Wirkung von Gammastrahlen auf Ringelblumen‹ (1972); Nell Potts, Joanne Woodward und Roberta Wallach.

Rechts: ›The Effect of Gamma Rays on Man-in-the-Moon Marigolds‹ – ›Die Wirkung von Gammastrahlen auf Ringelblumen‹ (1972); Nell Potts als Matilda.

gewinnt Matilda einen Preis für ihre Untersuchungen an Blumen-Mutation, woher der Film auch seinen symbolischen Titel hat. Und auch sie selbst wird zu einer Mutation – eine wundervolle Blume, die aus einem anscheinend unfruchtbaren Boden wächst und sich trotz aller Widrigkeiten entfaltet.

Das Stück wird von einem auf Stimmung ausgerichteten Schauspiel in ein lebensnahes Drama über das Alltagsleben verwandelt, wie man sie in den fünfziger Jahren im Fernsehen oft zu sehen bekam und wie Newman sie liebte. Unter diesem Aspekt erscheint der Symbolismus wenig überzeugend und organisch, und die Betonung auf Effekte – das verkommene Haus zum Beispiel – ist überzogen und oberflächlich. Newmans Versuche, das Schauspiel aufzubrechen, es zugänglich zu machen, sind im großen und ganzen erfolgreich. Zum Beispiel Szenen wie die folgenden: Matildas Lehrer erklärt die Geheimnisse des Universums; Ruths genaue Imitation ihrer Mutter Beatrice, und ein jugendlicher Typ des wahnsinnigen Wissenschaftlers, ein Junge, der mit sadistischer Begeisterung erklärt, wie er eine Katze seziert hat. Diese Szenen bleiben in der Erinnerung haften. Und wie in *Sometimes a Great Notion* (›Sie möchten Giganten sein‹) entwickelt sich auch hier ein enger Familiensinn, obwohl die Elemente dieser Familie anders gelagert sind. Hier ist es eine Welt der Frauen, in der die Männer eine untergeordnete Rolle spielen. Newman erweist sich als Experte in der Darstellung extremer Stimmungen. Er bewegt sich von plattem Slapstick über schwarzen Humor zu Terror und Pathos, und wie schon vorher setzt er die Kamera als zusätzliches Stilmittel ein. Er fängt mit ihr die Schauspielerinnen ein und erzeugt damit eine Atmosphäre der Vertrautheit und erschließt die Charaktere der Spielpersonen.

Wiederum beweist Joanne Woodward ihre weitgefaßte Palette der Darstellungsmöglichkeiten. Als megärenhafte Rabenmutter ist sie abstoßend und erschreckend, doch ihre in vielen Gesten spürbare Angst und Verwundbarkeit läßt uns mit ihr fühlen. Man erkennt sogar den von innen her strahlenden Glanz, der trotz des verkommenen Äußeren Schönheit verheißt. Als Ruth ist Roberta Wallach (Tochter von Eli Wallach und Anne Jackson) die perfekte Mischung aus unzugänglichem, grausamem und oberflächlichem Teenager und hilflosem Baby. Die bemerkenswerteste Leistung schafft Nell Potts, Newmans dreizehnjährige Tochter, welche die Rachel als Kind dargestellt hatte und auch hier wieder einen Rachel-ähnlichen Typ spielt. Als Matilda ist sie der Inbegriff des Understatement. Ihre Stimme ist leise, zerbrechlich und signalisiert eine sensible Nervosität, und ihre blauen Augen, die sie von ihrem Vater geerbt hat, scheinen alles in sich aufzunehmen und blicken manchmal ablehnend, doch meistens erkennt man in ihnen ein tiefes Verständnis.

Am Ende hat Matilda ein gefestigtes Selbstbewußtsein entwikkelt und ist bereit, ihrer Mutter zu vergeben. Als Beatrice und Ruth vor dem Haus sitzen und zum Nachthimmel emporschauen – die Mutter erzählt von ihrem letzten Wunschtraum, den Hof in einen Ziergarten zu verwandeln, während ihre Tochter Ruth stumm vor sich hinstarrt – sitzt Matilda allein daneben und denkt über ihre wissenschaftlichen Untersuchungen und Experimente nach. Die Kamera bewegt sich auf sie zu, während ihre Stimme verhalten erklärt, wie wichtig ihr ihre Gefühle sind. Vorher hat Beatrice sie gefragt: »Haßt du eigentlich nicht die Welt, Matilda?« Jetzt, als ihr Gesicht die gesamte Leinwand ausfüllt, antwortet sie auf die Frage. »Nein, Mama, ich hasse die Welt nicht.« Ebenso wie Rachel endet der Film mit einer optimistischen Note. Es wird die Möglichkeit angedeutet, daß aus der Finsternis etwas ausgesprochen Liebenswertes und Schönes erwächst.

Trotz allgemein wohlwollender Beurteilungen wurden die *Marigolds* kein Erfolg. Vielleicht lag es an dem sonderbaren Titel, obwohl *Rachel, Rachel* mit dem gleichen Handicap zu kämpfen hatte. Immerhin wurde damit Newmans Ruf als hervorragender Regisseur weiter gefestigt. Bei seinen drei Regiearbeiten hat er seine Fähigkeit bewiesen, mit sehr unterschiedlichem Material zu arbeiten, und wenn es auch an einer gewissen stilistischen Originalität fehlt, dann gelingt es ihm immerhin, hervorragende und beeindruckende Szenen zu konstruieren. Darüber hinaus ist er heutzutage einer der ganz wenigen, hervorragenden Regisseure, der sich für die Schauspieler einsetzt und ihnen Entfaltungsmöglichkeiten bietet.

Newmans eigene Darstellung 1973 in John Hustons *The Mackintosh Man* (›Der Mackintosh Mann‹) ist alles andere, nur nicht aufregend. Der Film, in dem er einen britischen Geheimagenten spielt, der sich im kalten Krieg durchsetzen muß, ist gewollt verdreht und transportiert wenig Spannung und Energie. Newman wirkt so leblos wie die ganze Story. Als Variationen bieten sich ihm eine Autoverfolgungsjagd in Irland, ein Tauchabenteuer vor Malta und ein australischer Akzent an. Ansonsten bleibt sein Ausdruck unverändert. Es ist das müde Weltschmerzgesicht, das er in WUSA perfektioniert hat. Die schlimmsten Szenen sind die romantischen Intermezzi mit Dominique Sanda, außerdem ist diese Beziehung von Anfang an oberflächlich und dramaturgisch sinnlos.

Manchmal scheinen Huston und Newman die eiskalten Männer und Frauen in den Spionagediensten zu verurteilen, doch dann nehmen sie uns für den Helden ein, wenn er sich am abstoßendsten verhält. Humor flackert lediglich in Newmans Bemerkungen über Sex und Homosexuelle auf und in seiner lässigen Art, wie er sich mit der Gewalt auseinandersetzt. Die einzige kathartische Szene des Films zeigt Newman, wie er, nachdem man ihn halbtot geschlagen hat, zu seinen Peinigern zurückkehrt, ihnen über den Schädel

Oben: ›The Mackintosh Man‹ – ›Der Mackintosh Mann‹ (1973); mit Dominique Sanda.

Rechts:
›The Mackintosh Man‹ – ›Der Mackintosh Mann‹ (1973); als Rearden.

schlägt, das Haus, in dem sie hausen, in Brand steckt und einer Frau zwischen die Beine tritt. In WUSA wollte Newman, daß wir den zynischen Söldner schädlicher Ideen verurteilen, zumindest zur Diskussion stellen, doch in *Sometimes a Great Notion* (›Sie möchten Giganten sein‹) und in den beiden Filmen unter John Huston lädt er uns ein, der faschistischen Mentalität seiner Helden zu applaudieren, den Sadismus, die Brutalität und Gnadenlosigkeit seiner Charaktere zu befürworten. Und das ist eine enttäuschende Entwicklung im Verlauf seiner an sich so ausgewogenen Karriere.

The Mackintosh Man (›Der Mackintosh Mann‹) erwies sich als Newmans sechster Reinfall in Folge (*Marigolds* eingeschlossen). Es war nicht zu übersehen, daß seine Popularität seit Butch Cassidy abgenommen hatte. Mit seinem neuesten Film aus dem Jahr 1973, *The Sting* (›Der Clou‹) wurde ihm die Chance geboten, sich wieder nach oben zu katapultieren. Der Film war genau darauf abgestellt, den alten Butch-Cassidy-Geist wieder aufleben zu lassen, und Newman hatte den Erfolg bitter nötig. Erneut arbeitete er mit George Roy Hill und Robert Redford. Und wieder spielten die beiden Stars Ganoven, die menschlich und lebenslustig sind, und deren Verbrechen zum Lachen reizen.

Der Schauplatz ist das Chicago von 1936. Henry Gondorff (Newman), ein berüchtigter und alternder Schwindler, versteckt sich vor der Polizei. Einmal noch wagt er sich nach ›draußen‹ und bringt dem kleinen Trickbetrüger Johnny Hooker (Redford) bei, wie man einen großen Schwindel landet. Mit der Unterstützung einer Gruppe anderer Betrüger entwickeln die beiden einen Plan, wie sie den Racket-Gangster Doyle Lonnegan (Robert Shaw) um 500 000 Dollar erleichtern können.

Anders als *Butch Cassidy* ist der Film unerwartet kompliziert und bringt eine Menge Verwicklungen und Überraschungen. In der Tat handelt es sich um einen Betrug, der den anderen jagt, und das Publikum ebenso hinters Licht führt wie die handelnden Personen. Die verschiedenen Schachzüge des großen Schwindels erfolgen wie generalstabsmäßig geplant, und alles trifft so ein, wie man es sich ausgedacht hat. Es ist eine filmische Version der Grundidee von *Mission: Impossible* (›Kobra übernehmen Sie!‹), doch wenn wir uns die Mühe machen, das Thema genauer unter die Lupe zu nehmen und den Plot zu analysieren, ergibt der ganze Schwindel wenig Sinn. Doch wir sollen ja gar nicht nachdenken. Der Clou ist im Kino zu sehen und erfüllt seinen Zweck als perfekte Unterhaltung zu aller Zufriedenheit.

Gondorff ist wie Butch die Seele des ganzen Unternehmens, das Gehirn, doch er ist mit allen Wassern gewaschen und ein Profi. Die Bestätigung durch den Erfolg hat er nicht nötig. In der Tat steht Hooker in seiner fast kindlich naiven Art dem Butch viel näher. Auch er teilt sich mit Butch den Hang zu Idealismus. Er will mit dem Schwindel nur den Tod eines Freundes rächen. Gondorff jedoch interessiert sich für die Sache nur, weil sie ein lohnendes Geschäft zu werden verspricht. Die beiden haben fast eine Vater-

›The Sting‹ – ›Der Clou‹ (1973); mit Robert Redford.

Sohn-Beziehung (Gondorff redet Hooker permanent mit ›Kid‹ an), welche weniger mit dem Verhältnis zwischen Butch Cassidy und Sundance Kid zu vergleichen ist, als vielmehr mit den Beziehungen zwischen einem alten Profi, der einen Anfänger in die Geheimnisse des Geschäfts einweist. Natürlich ist Newman zu jung und Redford zu alt für eine solche Beziehung, jedoch ist der Film nicht als profunde Charakterstudie gedacht, die einer ernsthaften Analyse standhält.

Beide Schauspieler sind unwiderstehlich charmant, doch niemand erwartet von ihnen eine hochkarätige schauspielerische Leistung. Newmans Technik des ›Unterspielens‹ wirkt eher wie eine Pose und nicht wie ein ernsthaftes Spiel. Er ist in einer hübschen, ziemlich lustigen Szene zu sehen – einem Pokerspiel, bei dem Gondorff und Lonnegan sich gegenseitig austricksen wollen. Um Lonnegan aus der Fassung zu bringen und für einen noch größeren Schwindel vorzubereiten, spielt Gondorff den Betrunkenen, redet unzusammenhängend, rülpst, spricht den Namen seines Gegners falsch aus, macht damit seine Witze und putzt sich die Nase mit der Krawatte, die Lonnegan ihm geschenkt hat.

The Sting (›Der Clou‹) erhielt gemischte Kritiken, doch die Journalisten, die ihn mochten, lobten ihn über den grünen Klee. Das National Board of Review erklärte ihn zum ›Besten Film des Jahres‹, und er wurde für zehn Oscars vorgeschlagen – eine Ehre, die noch keinem Film mit Newman zuteil wurde. War er nicht gerade ein Höhepunkt in Newmans schauspielerischer Entwicklung, so stellte er doch seinen Status als sicherer Hit an der Kinokasse wieder her.

Zwei Jahre nach seinem riesigen Erfolg in *The Sting* (›Der Clou‹) zeigte sich Paul Newman in einem Katastrophenfilm, der mehr durch ein riesiges Staraufgebot und eindrucksvolle Tricks als durch eine gute Story auffiel. *The Towering Inferno* (›Flammendes Inferno‹) wurde nach zwei Bestsellerromanen gedreht und berichtet von einer Party im 135. Stock des höchsten Wolkenkratzers der Welt. Durch einen Kurzschluß im mangelhaften Leitungsmaterial bricht ein Großbrand aus, der vielen Menschen in dem Hochhaus zum Verhängnis wird. Paul Newman spielt den Architekten Doug Roberts, der für den Einbau der schadhaften Leitungen verantwortlich ist, sein Gegenspieler ist Steve McQueen als Feuerwehrhauptmann. Beide Stars wurden in diesem Film kaum gefordert, ließen die dünne Story aber wenigstens in einigen Szenen vergessen.

Wesentlich anspruchsvoller war Paul Newmans nächster Film *Buffalo Bill and the Indians* (›Buffalo Bill und die Indianer‹). In diesem finanziell erfolglosen, künstlerisch aber sehr anspruchsvollen Streifen wird der bekannte Westernheld aus unzähligen Filmen und Büchern persifliert und durch den Kakao gezogen. Regisseur Robert Altman, der bereits in Meisterfilmen wie *M.A.S.H.* und *Nashville* amerikanische Institutionen verulkt und demontiert hatte, zerlegt auch in diesem Film ein Mythos in seine Bestandteile, kam damit aber beim Publikum nicht an. Obwohl sich Paul Newman (in authentischer Verkleidung mit Perücke und Bart), redlich bemüht, gelingt es ihm nicht mehr, auf dem schmalen Grat zwischen Persiflage und Klamauk die Balance zu halten. Er soll geschworen haben, nach diesem Mißerfolg nie mehr in einem Western aufzutreten.

The Drowning Pool (›Unter Wasser stirbt man nicht‹) ist nichts weiter als ein Aufguß von *Harper* (›Ein Fall für Harper‹). Paul Newman wiederholt seine Rolle als Detektiv Harper, der einen geheimnisvollen Mord aufzuklären hat und immer wieder von attraktiven Damen bei der Arbeit behindert wird. Der Film war kein besonders großer Erfolg, was hauptsächlich an der verworrenen Story lag.

Einen bemerkenswerten und sehr amüsanten Kurzauftritt gab Paul Newman in Mel Brooks' *Silent Movie*, einer köstlichen Persiflage des Stummfilm- und Slapstick-Genres. Paul Newman spielt sich selbst und versucht als ein an den Rollstuhl gefesselter Kranker aus dem Krankenhaus zu entkommen. Die wilde Verfolgungsjagd gehört zu den besten Szenen des (stummen) Films.

Slap Shot (›Schlappschuß‹) ist eine bissige Parodie auf den harten Eishockeysport und die mehr als seltsamen Geschäftsgebaren, die besonders in den USA vom Profisport Besitz ergriffen haben. Paul Newman spielt den Spielertrainer einer heruntergekommenen Eishockey-Mannschaft, die sich durch einen großen Erfolg vor dem drohenden Ausverkauf retten will. Da das spielerische Potential dazu nicht ausreicht, bedient man sich roher Gewalt und läßt das Endspiel zu einer reinen Farce werden. Einige Szenen des Films wurden wegen der Zurschaustellung roher Gewalt angegriffen, aber gerade diese Sequenzen zeigen auf bissige und übertriebene Weise, was heute im Sport möglich ist. Paul Newman lernte für diesen Film das Schlittschuhfahren und nahm einige Wochen lang am Training einer Eishockey-Mannschaft teil, was dem Film zu einer großen Authentizität verhalf.

Nach diesen derben Späßen stand Newman der Sinn wieder nach etwas Ernstem. In dem futuristischen Film *Quintet* spielt er den Bewohner der letzten Metropole, die auf der vom Eis bedeckten Erde noch von Leben bevölkert ist. Quintet ist der Name eines Spiels, mit dem die Menschen ihre Langeweile vertreiben. Der Verlierer muß immer sterben. Als Essex (dargestellt von Newman) seine Partnerin verliert, bricht er zu einem Rachefeldzug auf und flüchtet anschließend in die Eiswüste, um dort ein neues Leben zu suchen.

Aus der Werkstatt Irwin Allens, des »master of disaster«, kam schließlich noch der Film *When Time Ran Out* (›Der Tag, an dem die Welt unterging‹), der sich nur zu deutlich an *The Towering Inferno* orientierte. Statt eines brennenden Hochhauses sorgte diesmal ein Vulkanausbruch auf einer kleinen Pazifikinsel für die üblichen Streitigkeiten zwischen den Hauptfiguren darüber, wie man der Katastrophe am besten Herr wird. Newman spielte darin einen Ingenieur namens Hank Anderson, der eine Gruppe von Hotelgästen vor der anrückenden Lava in Sicherheit bringen muß. Der Rest des schwach inszenierten Films hielt sich ganz an das bewährte Rezept ähnlicher Katastrophenfilme und glich über weite Strecken eher einer unfreiwilligen Parodie. Der Erfolg an den Kinokassen fiel entsprechend mäßig aus.

Für Paul Newman endeten die Siebziger so trist, wie sie begonnen hatten: Mit Ausnahme von *Slap Shot* (›Schlappschuß‹) waren seine letzten vier Filme alles andere als Hits. Langsam schien seine Anziehungskraft doch deutlich nachzulassen. Zum Teil lag das auch daran, daß sich Hollywood selbst in diesem Jahrzehnt grundlegend gewandelt hatte. Mehr und mehr übernahm der Regisseur die Rolle des Schauspielers als eigentlicher Star eines Films. *Buffalo Bill and the Indians* (›Buffalo Bill und die Indianer‹) und *Quintet* (›Quintett‹) beispielsweise verkaufte man nicht als Filme *mit* Paul Newman, sondern als Filme *von* Robert Altman: eine noch vor zehn Jahren völlig unübliche Praxis. Hinzu kam noch, daß nur die wenigsten dieser Filme Paul Newmans Talent gefordert hatten. In den Achtzigern sollte sich das indessen drastisch ändern.

Der Drang, zu spielen

Fort Apache, The Bronx (›The Bronx‹) schlug bereits vor seinem Start hohe Wellen. Während der Dreharbeiten protestierten farbige und puertoricanische Minderheiten in Flugblättern und Zeitungsartikeln dagegen, daß Hollywood – in bewährter Manier – nur das Schlechte an ihrem Viertel zeigen und das Gute völlig ignorieren würde. Als der Film im Februar 1981 endlich anlief, kam es insbesondere in New York zu größeren Demonstrationen vor den Kinos. Wie stets hatte solche unfreiwillige Publicity genau den entgegengesetzten Effekt: In der Startwoche landete der Film mit weitem Abstand auf Platz 1 von Varietys Hitliste.

Als Reaktion auf die Proteste hatte sich Regisseur Daniel Petrie entschlossen, seinem Film eine kurze Schrifteinblendung voranzustellen, die sinngemäß besagte, daß er keineswegs die »gesetzestreuen Einwohner der Bronx« in ein schlechtes Licht rücken wollte. Aber schon die erste Szene schien die Befürchtungen der Minderheiten zu bestätigen: Eine Prostituierte im Drogenrausch erschießt zwei Streifenpolizisten aus nächster Nähe. Kurz darauf ist der Wagen bereits von einer Handvoll Vandalen umgeben, die die Leichen ihrer Wertsachen berauben.

Fort Apache, The Bronx (›The Bronx‹) beruht auf den Berichten zweier Polizisten, Thomas Mulhearn und Pete Tessitore, die in den Sechzigern in diesem Bezirk ihren Dienst schoben. Im Zentrum der einzelnen Episoden steht der kettenrauchende Inspektor Murphy (Paul Newman), der von seinem neuen Chef (Edward Asner) den Befehl erhält, den Mörder seiner beiden Kollegen dingfest zu machen, koste es, was es wolle. Als er im Laufe seiner Ermittlungen beobachtet, wie ein Polizist einen Unschuldigen kaltblütig vom Dach wirft und die Volksmenge daraufhin zum Aufstand mobilmacht, ringt Murphy mit seinem Gewissen. Soll er aus der verschworenen Clique ausbrechen und seinen Kollegen verraten oder den Mund halten?

Um diesen Konflikt herum gruppiert der Film Szenen aus der Bronx: die alltägliche Brutalität; die Polizeiaktionen; die Sisyphus-Arbeit Murphys, der sich keinen Illusionen hingibt, was seinen Job angeht (der Fall, von dem der Film seinen Ausgang nahm, bleibt ungeklärt: Zum Schluß wird die Prostituierte von ihrem Zuhälter ermordet – nur eine anonyme Leiche mehr in der Polizeistatistik); kleine Momente der Menschlichkeit, als sich Murphy für kurze Zeit in eine Krankenschwester (Rachel Ticotin) verliebt; die Zerstörung dieses Traums, als die Schwester an einer Überdosis Heroin stirbt. Am Ende steht Murphy schließlich für seine eigenen Überzeugungen ein und verrät seinen Kollegen.

Fort Apache, The Bronx (›The Bronx‹) bemüht sich dabei sehr um Realismus. So authentisch dieses ganz in blassen, bläulichen Farben gezeichnete Porträt eines Stadtteils auf den ersten Blick auch scheinen mag, gelingt es Daniel Petrie aber dennoch nicht, die einzelnen Szenen zu einem Ganzen zusammenzufügen. Der Film bleibt weniger als die Summe seiner Einzelteile, verliert sich stellenweise in Klischees.

Grund dafür ist das psychologische Vakuum im Zentrum seines Konzepts: Murphy versteht nicht, was seinen Kollegen zu dem Mord getrieben hat; er ist ihm moralisch so überlegen, daß ihm die Vorstellung völlig fremd ist, in einer ähnlichen Situation dazu fähig zu sein, ähnlich zu handeln. Die Gewissensfrage, der sich Murphy zu stellen hat, beschränkt sich auf den Aufeinanderprall zweier verschiedener Ehrenkodizes, dem der Polizei und Murphys eigenem. Murphy versteht nicht, wie sein Kollege so handeln konnte. In einem wirklich guten Film hätte er es nur zu gut verstehen müssen. So scheinen auch die Vorwürfe gegen den Film, zum Teil zumindest, unberechtigt: Ausbeutung ist nicht dasselbe wie oberflächliche Leere.

Zu Paul Newmans Ehren muß man sagen, daß er sein Bestes tut, solche Schwächen vergessen zu lassen. Sein Spiel ist präzise, selbstsicher, voll der kleinen, vielsagenden Details. Newman läßt uns spüren, daß die in *Slap Shot* (›Schlappschuß‹) perfektionierten Grobheiten und Albernheiten, die er beim Umgang mit seinen Kollegen an den Tag legt, nur eine Maske sind; dazu geschaffen, um die Arbeit möglichst angenehm zu machen. Erst beim Kontakt mit dem anderen Geschlecht kommt der wahre Murphy ans Tageslicht: die versteckten Ideale, die echten Gefühle. In diesen Szenen bringt Newman einen Gutteil seiner selbst in die Figur ein. Sein Murphy ist so empfindsam, so verwirrt, so intelligent wie Newman selbst. Und man fühlt, daß der Schauspieler gerne sehr viel weiter gehen würde, als der Film es ihm erlaubt.

Derselbe Drang kennzeichnet auch *Absence of Malice* (›Die Sensationsreporterin‹), eine alles in allem sehr viel besser konstruierten Attacke auf den Sensationsjournalismus: Als sich die

Ermittlungen in einem Prominenten-Mordfall wochenlang ergebnislos hinziehen, gerät der ehrgeizige Untersuchungsleiter Rosen (Bob Balaban) immer mehr ins Kreuzfeuer der Öffentlichkeit. Unter dem Druck, endlich mit einem Ergebnis aufwarten zu können, spielt er der jungen Journalistin Megan (Sally Field) Unterlagen zu, die darauf hindeuten, daß ein gewisser Michael Gallagher (Newman) zu den Hauptverdächtigen gehört.

Empört wehrt sich dieser gegen den daraufhin erscheinenden Rufmord-Artikel, und Megan, zunächst mißtrauisch, beginnt allmählich seinen Unschuldsbeteuerungen Glauben zu schenken. Seine Weigerung, für die Tatzeit ein Alibi anzugeben, versteht sie allerdings nicht. Doch dann setzt sich Gallaghers Freundin Teresa (Melinda Dillon) mit ihr in Verbindung. Sie vertraut Megan an, Gallagher habe sie zur fraglichen Zeit zu einer Abtreibung begleitet. Als Megan diese Information als Entlastung in die Zeitung bringt, begeht Teresa aus Scham und Verzweiflung Selbstmord: für Gallagher Anlaß genug, seinerseits eine Intrige gegen Megan und Rosen in die Wege zu leiten.

Sydney Pollack inszeniert diesen Stoff, eine Art Kehrseite von Pakulas *All the President's Men* (›Die Unbestechlichen‹) routiniert und spannend und läßt sich nur am Ende – Romantiker, der er ist – dazu verleiten, eine etwas klischeehafte Liebesbeziehung zwischen Gallagher und Megan zu konstruieren. Als Gallagher verläßt sich Newman dabei beinahe zur Gänze auf Gesten und Andeutungen: ein cleveres, kompaktes Spiel, ohne die selbstbewußte Überzogenheit früherer Rollen. Als er nach dem Selbstmord Teresas Megan zur Rede stellt, prickelt die Szene förmlich von emotioneller Kraft. Erwartungsgemäß erhielt er für *Absence of Malice* (›Die Sensationsreporterin‹) denn auch seine fünfte Oscarnominierung, verlor die Statue dann jedoch an Henry Fonda in *On Golden Pond* (›Am goldenen See‹). Immerhin erwies sich der Film als enormer kommerzieller Erfolg, zumindest in Amerika.

Statt sich auf seinen Lorbeeren auszuruhen, wagte sich Paul Newman in seinem nächsten Film an eine ungewöhnliche Rolle. Sidney Lumets *The Verdict* (›The Verdict – Die Wahrheit und nichts als die Wahrheit‹) ist ein tristes, ganz in dunklem Braun gehaltenes *courtroom drama,* das auf mehreren Ebenen funktioniert, den eigentlichen Prozeßverlauf mit menschlichem Drama verbindet.

Der Fall, um den es dabei geht, ist ein ärztlicher Kunstfehler.

Bei einer harmlosen Operation im Krankenhaus der Erzdiözese von Boston spritzen die behandelnden Ärzte ihrer Patientin ein falsches Anästhetikum. Seither liegt die junge Frau im Koma. Die Kirche ist bestrebt, die Angelegenheit möglichst schnell unter den Tisch zu wischen, und strebt eine außergerichtliche Einigung mit den Verwandten der Patientin an.

Um seinem Freund und Schüler aus der finanziellen Misere zu helfen, vermittelt der zuständige Rechtsanwalt den Fall an den abgewrackten, versoffenen Anwalt Frank Galvin (Newman). Statt seine Prozente kommentarlos einzustreichen, verbeißt sich Galvin jedoch in den Fall, der für ihn die letzte Möglichkeit darstellt, seine Selbstachtung zurückzugewinnen. Es kommt zum Prozeß, der im Laufe der Ermittlungen immer aussichtsloser zu werden scheint. Die Kirche setzt das Anwaltsbüro des Starverteidigers Concannon (James Mason) auf den Fall an, das auch vor schmutzigen Methoden nicht zurückschreckt: Zeugen verschwinden, man schnüffelt in Gavins Privatleben herum und setzt sogar eine ehemalige Freundin auf ihn an.

Der eigentliche Prozeß folgt dann der bewährten Hollywood-Dramaturgie: In letzter Sekunde tritt, quasi als *deus ex machina,* ein Starzeuge zu Galvins Gunsten auf, und obwohl der voreingenommene Richter einem Einspruch Concannons betreffs der Zulässigkeit der Aussage stattgibt, entscheiden sich die Geschworenen schließlich zu Galvins Gunsten.

Im Grunde interessiert sich Sidney Lumets freilich nicht so sehr für Gerechtigkeit und die Korruptheit der Institutionen. *The Verdict* (›The Verdict‹) ist, wenn man so will, die Geschichte eines Mannes, der seine Illusionen verloren, sich deshalb dem Alkohol hingegeben hat und am Ende über seinen Sieg vor Gericht seine Illusionen wiederfindet: ein Stoff, der eher in der Tradition von Frank Capras *Mr. Smith Goes to Washington* (›Mr. Smith geht nach Washington‹) denn Sidney Lumets *Twelve Angry Men* (›Die zwölf Geschworenen‹) steht.

Als Film, der hauptsächlich über sein menschliches Element funktioniert, verdankt *The Verdict* seine unleugbare Wirkung daher vor allem Paul Newman. Sein Frank Galvin – eine außerordentlich präzise Charakterstudie, für die er seine sechste Oscarnominierung erhielt – ist ein klarer Bruch mit seinem Image: die erste Rolle, in der Newman sein Alter anerkennt. Er wirkt nun weicher, fast ein wenig schlaff und dicklich. Kurze Augenblicke, in denen man die Müdigkeit in seinen Augen sieht, lassen nur zu klar den alten Mann durchscheinen, den er in einigen Jahren vermutlich spielen wird.

Nach dieser ebenso couragierten wie brillanten Leistung stellte sich sein fünfter Film in eigener Regie als herbe Enttäuschung heraus. Mit ihrer Kombination aus äußerer Stärke und innerer Verletzlichkeit erinnert die Figur des Harry Keach aus *Harry & Son* (›Harry & Son‹) des öfteren an seinen Hank Stamper aus *Sometimes a Great Notion* (›Sie möchten Giganten sein‹). Ansonsten aber blieb die Geschichte vom halbblinden »Gebäudezerschmetterer«, der seine Arbeit verliert und daraufhin entdeckt, daß sein Sohn sich ihm in all den Jahren längst total entfremdet hat, so überladen mit Klischeeproblemen, so ohne jeden dramaturgischen Fokus, daß das Endprodukt eher einer TV-Seifenoper glich.

Noch nicht abgedreht ist Newmans bisher letzter Film, *The Color of Money,* eine Fortsetzung zu *The Hustler* (›Haie der Großstadt‹), in dem er einmal mehr die Rolle des Eddie Nelson übernimmt. Unter der Regie von Martin Scorsese soll er darin einen jungen Mann, gespielt von Tom Cruise, in die hohe Kunst des Billardspiels einweihen.

Es wird sicher interessant sein, Paul Newmans weiteren Weg zu verfolgen. Er ist jetzt beinahe sechzig, verfügt jedoch noch immer über ein außergewöhnlich attraktives Äußeres. Ebenso wie andere Sexsymbole Hollywoods wird er noch lange der Schwarm aller Frauen bleiben. Andererseits hat er schon immer ein Charakterdarsteller sein wollen. Sollte ihm das Alter diese Rolle aufzwingen, würde er vielleicht sogar seinen Weg in diese Richtung fortsetzen. Frank Galvin könnte in dieser Hinsicht durchaus der Anfang einer neuen Karriere sein.

Sicher ist nur eines: In den Jahren, die Newman auf der Leinwand zu sehen war, entwickelte er sich zu einem der bedeutendsten Leinwandstars. Selbst heute noch drängt sein Name die Vorstellung von Rebellion, kühler Zurückhaltung und beherrschendem Sex-Appeal auf. Zudem hat er im Laufe seiner Karriere ungleich einprägsamere Charaktere geschaffen als andere Schauspieler gleichen Alters. Mindestens vier davon – Fast Eddie, Hud, Cool Hand Luke und Butch Cassidy – sind derart bekannt, stekken so tief im Bewußtsein der Öffentlichkeit, daß man sie zu den unsterblichen Größen der Leinwand zählen kann.

Filmographie

Paul Newmans Filme

Die Abkürzungen bedeuten:

B Buch
D Darsteller
K Kamera
M Musik
P Produktionsfirma (Produzent)
R Regie
V Videoverleih

Die Jahreszahlen bezeichnen das Uraufführungsjahr des Films.

1. **The Silver Chalice** (Der silberne Kelch)

USA 1954. *P* Warner Bros. (Victor Saville. *R* Victor Saville. *B* Lesser Samuels (nach dem Roman von Thomas B. Costain). *K* William V. Skall. *M* Franz Waxman. *D* Virginia Mayo (Helena), Pier Angeli (Deborra), Jack Palance (Simon), PAUL NEWMAN (Basil), Walter Hampden (Joseph), Joseph Wiseman (Mijamin), Alexander Scourby (Nero), E. G. Marshall (Ignatius), Michael Pate (Aaron), Natalie Wood (Helena als Kind). 144 Minuten. Warnercolor. CinemaScope.

2. **The Rack** (Anklage: Hochverrat)

USA 1956. *P* MGM (Arthur M. Loew jr.). *R* Arnold Laven. *B* Stewart Stern (nach dem Fernsehspiel von Rod Serling). *K* Paul C. Vogel. *M* Adolph Deutsch. *D* PAUL NEWMAN (Capt. Edward Hall jr.), Wendell Corey (Major Sam Moulton), Walter Pidgeon (Col. Edward Hall sr.), Edmond O'Brien (Leutnant Frank Waswick), Anne Francis (Aggie Hall), Lee Marvin (Capt. John Miller), Cloris Leachman (Caroline), Robert Burton (Col. Ira Hansen), Robert F. Simon (Rechtsanwalt), Trevor Bardette (Vorsitzender des Kriegsgerichts). 100 Minuten.

3. **Somebody Up There Likes Me** (Die Hölle ist in mir)

USA 1956. *P* MGM (Charles Schnee). *R* Robert Wise. *B* Ernest Lehman (nach der Autobiographie von Rocky Graziano). *K* Joseph Ruttenberg. *M* Bronislau Kaper. *D* PAUL NEWMAN (Rocky), Pier Angeli (Norma), Everett Sloane (Irving Cohen), Eileen Heckart (Ma Barbella), Sal Mineo (Romolo), Harold J. Stone (Nick Barbella), Joseph Buloff (Benny), Sammy White (Whitey Bimstein), Arch Johnson (Heldon), Theo Newton (Kommissar Eagan). 113 Minuten.

4. **The Helen Morgan Story** (Ein Leben im Rausch)

USA 1957. *P* Warner Bros. (Martin Rackin). *R* Michael Curtiz. *B* Oscar Saul, Dean Riesner, Stephen Longstreet, Nelson Gidding. *K* Ted McCord. *M* Charles Henderson. *D* Ann Blyth (Helen Morgan), PAUL NEWMAN (Larry Maddux), Richard Carlson (Russell Wade), Gene Evans (Whitey Krause), Alan King (Ben), Cara Williams (Dolly), Virginia Vincent (Sue), Walter Woolf King (Ziegfeld), Dorothy Green (Mrs. Wade), Ed Platt (Haggerty). 118 Minuten. CinemaScope.

5. **Until They Sail** (Land ohne Männer)

USA 1957. *P* MGM (Charles Schnee). *R* Robert Wise. *B* Robert Anderson (nach einer Kurzgeschichte von James A. Michener). *K* Joseph Ruttenberg. *M* David Raksin. *D* Jean Simmons (Barbara Leslie Forbes), Joan Fontaine (Anne Leslie), PAUL NEWMAN (Capt. Jack Harding), Piper Laurie (Dedia Leslie), Charles Drake (Capt. Richard G. Bates), Sandra Dee (Evelyn Leslie), Wally Cassell (Phil Friskett), Alan Napier (Sachwalter), Ralph Votrian (Max Murphy), John Wilder (Tommy). 95 Minuten. CinemaScope.

6. **The Left-Handed Gun** (Einer muß dran glauben)

USA 1958. *P* Warner Bros. /Haroll Prod. (Fred Coe). *R* Arthur Penn. *B* Leslie Stevens (nach dem Fernsehspiel »The Death of Billy the Kid« von Gore Vidal). *K* J. Peverell Marley. *M* Alexander Courage. *D* PAUL NEWMAN (Billy Bonney), Lita Milan (Celsa), John Dehner (Garrett), Hurd Hatfield (Moultrie), James Congdon (Charlie Boudre), James Best (Tom Folliard), Colin Keith-Johnson (Tunstall), John Dierkes (McSween), Bob Anderson (Hill), Wally Brown (Moon). 102 Minuten.

7. **The Long Hot Summer** (Der lange, heiße Sommer)

USA 1958. *P* Fox (Jerry Wald). *R* Martin Ritt. *B* Irving Ravetch, Harriet Frank jr. (nach den Kurzgeschichten »Barn Burning« und »The Spotted

Horses« und dem Roman »The Hamlet« von William Faulkner). *K* Joseph LaShelle. *M* Lionel Newman. *D* PAUL NEWMAN (Ben Quick), Joanne Woodward (Clara Varner), Anthony Franciosa (Jody Varner), Orson Welles (Will Varner), Lee Remick (Eula Varner), Angela Lansbury (Minnie), Richard Anderson (Alan Stewart), Sarah Marshall (Agnes Stewart), Mabel Albertson (Mrs. Stewart), J. Pat O'Malley (Ratliff). 117 Minuten. DeLuxe Color. CinemaScope. *V* CBS/Fox.

8. **Cat on a Hot Tin Roof** (Die Katze auf dem heißen Blechdach)

USA 1958. *P* MGM/Avon (Lawrence Weingarten). *R* Richard Brooks. *B* Richard Brooks, James Poe (nach dem Theaterstück von Tennessee Williams). *K* William Daniels. *D* Elizabeth Taylor (Maggie), PAUL NEWMAN (Brick), Burl Ives (Big Daddy), Jack Carson (Gooper), Judith Anderson (Big Mama), Madeleine Sherwood (Mae), Larry Gates (Dr. Baugh), Vaughn Taylor (Deacon Davis), Peggy Ann Gerrity (Dixie), Rusty Stevens (Sonny). 108 Minuten. Metrocolor.

9. **Rally Round the Flag, Boys!** (Keine Angst vor scharfen Sachen)

USA 1958. *P* Fox (Leo McCarey). *R* Leo McCarey. *B* Leo McCarey, Claude Binyon (nach dem Roman von Max Shulman). *K* Leon Shamroy. *M* Cyril Mockridge. *D* PAUL NEWMAN (Harry Bannerman), Joanne Woodward (Grace Bannerman), Joan Collins (Angela Hoffa), Jack Carson (Capt. Hoxie), Gale Gordon (Col. Thorwald), Dwayne Hickman (Grady Metcalf), Tuesday Weld (Comfort Goodpasture), Tom Gilson (Opie), O. Z. Whitehead (Isaac Goodpasture), Ralph Osborn III. (Danny Bannerman). 106 Minuten. DeLuxe Color. CinemaScope.

10. **The Young Philadelphians** (Der Mann aus Philadelphia)

USA 1959. *P* Warner Bros. *R* Vincent Sherman. *B* James Gunn (nach dem Roman »The Philadelphians« von Richard Powell). *K* Harry Stradling. *M* Ernest Gold. *D* PAUL NEWMAN (Tony Lawrence), Barbara Rush (Joan Dickinson), Alexis Smith (Carol Wharton), Brian Keith (Mike Flannagan), Diane Brewster (Kate Judson), Billie Burke (Mrs. J. A. Allen), John Williams (Gil Dickinson), Robert Vaughn (Chet Gwynn), Otto Kruger (John M. Wharton), Paul Picerni (Louis Donetti). 136 Minuten.

11. **From the Terrace** (Von der Terrasse)

USA 1960. *P* Fox/Linebrook Corp. (Mark Robson). *R* Mark Robson. *B* Ernest Lehman (nach dem Roman von John O'Hara). *K* Leo Tover. *M* Elmer Bernstein. *D* PAUL NEWMAN (Alfred Eaton), Joanne Woodward

(Mary St. John), Myrna Loy (Martha Eaton), Ina Balin (Natalie), Leon Ames (Samuel Eaton), Elizabeth Allen (Sage Rimmington), Barbara Eden (Clemmie), George Grizzard (Lex Porter), Patrick O'Neal (Dr. Jim Roper), Felix Aylmer (MacHardie). 144 Minuten. DeLuxe Color. CinemaScope.

12. **Exodus** (Exodus)

USA 1960. *P* Carlyle Alpina (Otto Preminger). *R* Otto Preminger. *B* Dalton Trumbo (nach dem Roman von Leon Uris). *K* Sam Leavitt. *M* Ernest Gold. *D* Paul Newman (Ari Ben Kanaan), Eva Marie Saint (Kitty Fremont), Ralph Richardson (Gen. Sutherland), Peter Lawford (Major Fred Caldwell), Lee. J. Cobb (Barak Ben Kanaan), Sal Mineo (Dov Landau), John Derek (Taha), Hugh Griffith (Plato Mandria), Gregory Ratoff (Lakavitch), Felix Aylmer (Dr. Lieberman). 213 (199) Minuten. Technicolor. Super Panavision 70.

13. **The Hustler** (Haie der Großstadt)

USA 1961. *P* 20th Century Fox (Robert Rossen). *R* Robert Rossen. *B* Robert Rossen, Sidney Carroll (nach dem Roman von Walter S. Tevis). *K* Eugen Schüfftan. *M* Kenyon Hopkins. *D* Paul Newman (Eddie Felson), Jackie Gleason (Minnesota Fats), Piper Laurie (Sarah Packard), George C. Scott (Bert Gordon), Myron McCormick (Charlie Burns), Murray Hamilton (Findlay), Michael Constantine (Big John), Stefan Gierasch (Priester), Jane LaMotta (Barman). 135 Minuten. CinemaScope. *V* CBS/Fox.

14. **Paris Blues** (Paris Blues)

USA 1961. *P* Pennebaker (Sam Shaw). *R* Martin Ritt. *B* Jack Sher, Irene Kamp, Walter Bernstein (nach einem Roman von Harold Flender). *B-Adaption:* Lulla Adler. *K* Christian Matras. *M* Duke Ellington. *D* Paul Newman (Ram Bowen), Joanne Woodward (Lilian Corning), Sidney Poitier (Eddie Cook), Louis Amstrong (Wild Man Moore), Diahann Carroll (Connie Lampson), Serge Reggiani (Michel Duvigne), Barbara Laage (Marie Seoul), Andre Luguet (Rene Bernard), Marie Versini (Nicole), Moustache (Drummer). 98 Minuten.

15. **Sweet Bird of Youth** (Süßer Vogel Jugend)

USA 1962. *P* Roxbury (Pandro S. Berman). *R* Richard Brooks. *B* Richard Brooks (nach dem Theaterstück von Tennessee Williams). *K* Milton Krasner. *M* Harold Gelman. *D* Paul Newman (Chance Wayne), Geraldine Page (Alexandra Del Lago), Ed Begley (Boss Finley), Rip Torn

(Thomas J. Finley jr.), Shirley Knight (Heavenly Finley), Mildred Dunnock (Tante Nonnie), Madeleine Sherwood (Miss Lucy), Philip Abbott (Dr. George Scudder), Corey Allen (Scotty), Barry Cahill (Bud). 120 Minuten. Metrocolor. CinemaScope.

16. **Hemingway's Adventures of a Young Man** (Hemingways Abenteuer eines jungen Mannes)

USA 1962. *P* 20th Century Fox (Jerry Wald). *R* Martin Ritt. *B* A. E. Hotchner (nach autobiographischen Kurzgeschichten von Ernest Hemingway). *K* Lee Garmes. *M* Franz Waxman. *D* Richard Beymer (Nick Adams), Diane Baker (Carolyn), Corinne Calvet (Gräfin), Fred Clark (Mr. Turner), Dan Dailey (Billy Campbell), James Dunn (Telegraphist), Juano Hernandez (Bugs), Arthur Kennedy (Dr. Adams), Ricardo Montalban (Major Padula), PAUL NEWMAN (Ad Francis). 145 Minuten. DeLuxe-Color. CinemaScope.

17. **Hud** (Der Wildeste unter Tausend)

USA 1963. *P* Salem-Dover (Martin Ritt, Irving Ravetch). *R* Martin Ritt. *B* Irving Ravetch, Harriet Frank jr. (nach Larry McMurtys Roman »Horseman, Pass By«). *K* James Wong Howe. *M* Elmer Bernstein. *D* PAUL NEWMAN (Hud Bannon), Melvyn Douglas (Homer Bannon), Patricia Neal (Alma), Brandon de Wilde (Lon Bannon), John Ashley (Hermy), Whit Bissell (Burris), Crahan Denton (Jesse), Val Avery (Jose), Sheldon Allman (Thompson), Pitt Herbert (Larker). 112 Minuten. Panavision.

18. **A New Kind of Love** (Eine neue Art von Liebe)

USA 1963. *P* Llenroc (Melville Shavelson). *RB* Melville Shavelson. *K* Daniel Fapp. *M* Leith Stevens. *D* PAUL NEWMAN (Steve Sherman), Joanne Woodward (Samantha Blake), Thelma Ritter (Lena O'Connor), Eva Gabor (Felicienne Courbeau), George Tobias (Joseph Bergner), Marvin Kaplan (Harry Gorman), Robert Clary (Albert Sardou), Jan Moriarty (Suzanne), Valerie Varda (Mrs. Chalmers), Robert F. Simon (Bertram Chalmers). 110 Minuten. Technicolor.

19. **The Prize** (Der Preis)

USA 1964. *P* Roxbury (Pandro S. Berman). *R* Mark Robson. *B* Ernest Lehman (nach dem Roman von Irving Wallace). *K* William H. Daniels. *M* Jerry Goldsmith. *D* PAUL NEWMAN (Andrew Craig), Elke Sommer (Inger Lisa Andersen), Edward G. Robinson (Dr. Max Stratman), Diane Baker (Emily Stratman), Micheline Presle (Dr. Denise Marceau),

Gerard Oury (Dr. Claude Marceau), Sergio Fantoni (Dr. Carlo Farelli), Kevin McCarthy (Dr. John Garrett), Leo G. Carroll (Comte Bertil Jacobson), Sacha Pitoeff (Daranyi). 136 Minuten. Metrocolor. Panavision. *V* MGM/UA *(Der Preis ... Kein Lorbeer für den Mörder).*

20. **What a Way to Go!** (Immer mit einem anderen)

USA 1964. *P* Apjac/Orchard (Arthur P. Jacobs). *R* J. Lee Thompson. *B* Betty Comden, Adolph Green (nach einer Kurzgeschichte von Gwen Davis). *K* Leon Shamroy. *M* Nelson Riddle. *D* Shirley MacLaine (Louisa), PAUL NEWMAN (Larry Flint), Robert Mitchum (Rod Anderson), Dean Martin (Leonard Crawley), Gene Kelly (Jerry Benson), Bob Cummings (Dr. Steffanson), Dick van Dyke (Edgar Hopper), Reginald Gardiner (Maler), Margaret Dumont (Mrs. Forster), Lou Nova (Trentino). 111 Minuten. DeLuxe-Color. CinemaScope.

21. **The Outrage** (Exzeß/Carrasco, der Schänder)

USA 1964. *P* Harvest (A. Ronald Lubin). *R* Martin Ritt. *B* Michael Kanin (nach Akira Kurosawas Film »Rashomon« und dem gleichnamigen Theaterstück von Fay und Michael Kanin). *K* James Wong Howe. *M* Alex North. *D* PAUL NEWMAN (Juan Carrasco), Laurence Harvey (Ehemann), Claire Bloom (Frau), Edward G. Robinson (Gauner), William Shatner (Priester), Howard da Silva (Goldsucher), Albert Salmi (Sheriff), Thomas Chalmers (Richter), Paul Fix (Indianer). 97 Minuten. Panavision.

22. **Lady L** (Lady L)

Frankreich/Italien/USA 1965. *P* Concordia/Champion (Carlo Ponti). *R* Peter Ustinov. *B* Peter Ustinov (nach dem Roman von Romain Gary). *K* Henri Alekan. *M* Jean Francaix. *D* Sophia Loren (Lady L), PAUL NEWMAN (Armand), David Niven (Lord Lendale), Claude Dauphin (Inspektor Mercier), Philippe Noiret (Gerome), Michel Piccoli (Lecœur), Dalio (Sapper), Cecil Parker (Sir Percy), Jean Wiener (Krajewski), Daniel Emilfork (Kobeleff). 124 Minuten. Eastmancolor. Panavision.

23. **Harper** (Ein Fall für Harper)

USA 1966. *P* Warner Bros. (Jerry Gershwin, Elliot Kastner). *R* Jack Smight. *B* William Goldman (nach Ross MacDonalds Roman »The Moving Target«). *K* Conrad Hall. *M* Johnny Mandel. *D* PAUL NEWMAN (Lew Harper), Lauren Bacall (Mrs. Elaine Sampson), Julie Harris (Betty Fraley), Arthur Hill (Albert Graves), Janet Leigh (Susan Harper), Pamela Triffin (Miranda Sampson), Robert Wagner (Alan Traggert), Robert Webber (Dwight Troy), Shelley Winters (Fay Estabrook), Harold Goul (Sheriff Spanner). 121 Minuten. Technicolor. Panavision.

24. **Torn Curtain** (Der zerrissene Vorhang)

USA 1966. *P* Universal (Alfred Hitchcock). *R* Alfred Hitchcock. *B* Brian Moore. *K* John F. Warren. *M* John Addison. *D* PAUL NEWMAN (Prof. Michael Armstrong), Julie Andrews (Sarah Edwards), Lilia Kedrova (Comtesse Kuchinska), Hansjörg Felmy (Heinrich Gerhardt), Tamara Taumanova (Ballerina), Wolfgang Kieling (Hermann Gromek), Günther Strack (Prof. Karl Manfred), Ludwig Donath (Prof. Gustav Lindt), David Opatoshu (Jacobi), Gisela Fischer (Dr. Koska). 128 Minuten. Technicolor.

25. **Hombre** (Man nannte ihn Hombre)

USA 1967. *P* Hombre Prod. (Martin Ritt, Irving Ravetch). *R* Martin Ritt. *B* Irving Ravetch, Harriet Frank jr. (nach einem Roman von Elmore Leonard). *K* James Wong Howe. *M* David Rose. *D* PAUL NEWMAN (John Russell), Frederic March (Dr. Alexander Favor), Richard Boone (Cicero Grimes), Diane Cilento (Jessie Benbow), Barbara Rush (Audra Favor), Martin Balsam (Henry Mendez), Cameron Mitchell (Frank Braden), Margaret Blye (Doris Blake), Peter Lazer (Billy Lee Blake), James Ward (Steve Early). 111 Minuten. DeLuxe-Color. Panavision. *V* CBS/Fox.

26. **Cool Hand Luke** (Der Unbeugsame)

USA 1967. *P* Jalem (Gordon Carroll). *R* Stuart Rosenberg. *B* Donn Pearce, Frank R. Pierson (nach dem Roman von Donn Pearce). *K* Conrad Hall. *M* Lalo Schifrin. *D* PAUL NEWMAN (Luke Jackson), George Kennedy (Dragline), J. D. Cannon (Society Red), Lou Antonio (Koko), Robert Drivas (Loudmouth Steve), Strother Martin (Kapitän), Jo van Fleet (Arletta), Clifton James (Carr), Morgan Woodward (Boss Godfrey), Richard Davalos (Blind Dick). 126 Minuten. Technicolor. Panavision.

27. **The Secret War of Harry Frigg** (Der Etappenheld)

USA 1968. *P* Albion (Hal E. Chester). *R* Jack Smight. *B* Peter Stone, Frank Tarloff (nach einer Kurzgeschichte von Frank Tarloff). *K* Russell Metty. *M* Carlo Rustichelli. *D* PAUL NEWMAN (Harry Frigg), Sylva Koscina (Contessa di Montefiore), Andre Duggan (Gen. Armstrong), Tom Bosley (Gen. Pennypacker), John Williams (Gen. Mayhew),

Charles D. Gray (Gen. Cox-Roberts), Vito Scotti (Col. Ferruci), Jacques Roux (Gen. Rochambeau), Werner Peter (Major von Steignitz), James Gregory (Gen. Prentiss). 110 Minuten. Technicolor. Techniscope.

28. **Rachel, Rachel** (Die Liebe eines Sommers)

USA 1968. *P* Kayos (PAUL NEWMAN). *R* PAUL NEWMAN. *B* Stewart Stern (nach Margaret Laurences Roman »A Jest of God«). *K* Gayne Rescher. *M* Jerome Moross. *D* Joanne Woodward (Rachel Cameron), James Olson (Nick Kzalick), Kate Harrington (Mrs. Cameron), Estelle Parsons (Calla Mackie), Donald Moffatt (Niall Cameron), Terry Kiser (Priester), Frank Corsaro (Hector Jones), Bernard Barrow (Leighton Siddley), Geraldine Fitzgerald (Rev. Wood). 101 Minuten. Technicolor.

29. **Winning** (Indianapolis)

USA 1969. *P* NEWMAN/Foreman/Jennings Land (John Foreman). *R* James Goldstone. *B* Howard Rodman. *K* Richard Moore. *M* Dave Grusin. *D* PAUL NEWMAN (Frank Capua), Joanne Woodward (Elora), Richard Thomas (Charley), Robert Wagner (Luther Erding), David Sheiner (Leo Crawford), Clu Gulager (Larry Morecheck), Barry Ford (Les Battineau), Bob Quarry (Sam Jagin), Eileen Wesson (Miss Redburne 200), Toni Clayton (Mädchen). 123 Minuten. Technicolor. Panavision.

30. **Butch Cassidy and the Sundance Kid** (Zwei Banditen)

USA 1969. *P* Campanile/NEWMAN-Foreman/George Roy Hill/Paul Monash (John Foreman). *R* George Roy Hill. *B* William Goldman. *K* Conrad Hall. *M* Burt Bacharach. *D* PAUL NEWMAN (Butch Cassidy), Robert Redford (Sundance Kid), Katharine Ross (Etta Place), Strother Martin (Percy Garris), Henry Jones (Fahrradverkäufer), Jeff Corey (Sheriff Bledsoe), George Furth (Woodcock), Cloris Leachman (Agnes), Ted Cassidy (Harvey Logan), Kenneth Mars (Marshal). 112 Minuten. DeLuxe-Color. Panavision. *V* CBS/Fox *(Butch Cassidy und Sundance Kid).*

31. **W.U.S.A.**

USA 1970. *P* Mirror/Coleytown/Stuart Rosenberg Prod. (PAUL NEWMAN, John Foreman). *R* Stuart Rosenberg. *B* Robert Stone (nach seinem Roman »A Hall of Mirrors«). *K* Richard Moore. *M* Lalo Schifrin. *D* PAUL NEWMAN (Reinhardt), Joanne Woodward (Geraldine), Anthony Perkins (Rainey), Laurence Harvey (Farley), Pat Hingle (Bingomon), Cloris Leachman (Philomena), Don Gordon (Bogdanovich), Michael

Anderson jr. (Marvin), Leigh French (Mädchen), Moses Gunn (Clotho). 117 Minuten. Technicolor. Panavision.

32. **Sometimes a Great Notion** (Sie möchten Giganten sein)

USA 1971. *P* NEWMAN-Foreman (John Foreman). *R* PAUL NEWMAN. *B* John Gay (nach dem Roman von Ken Kensey). *K* Richard Moore. *M* Henry Mancini. *D* PAUL NEWMAN (Hank Stamper), Henry Fonda (Henry Stamper), Lee Remick (Viv Stamper), Michael Sarrazin (Leeland Stamper), Richard Jaeckel (Joe Ben Stamper), Linda Lawson (Jan Stamper), Cliff Potts (Andy Stamper), Sam Gilman (John Stamper), Lee de Broux (Willard Eggleston), Jim Burk (Biggy Newton). 114 Minuten. Technicolor. Panavision. *V* CIC.

33. **Pocket Money** (Zwei glücklose Cowboys)

USA 1972. *P* First Artists/Coleytown (John Foreman). *R* Stuart Rosenberg. *B* Terry Malick (nach J. P. S. Browns Roman »Jim Kane«). *K* Laszlo Kovacs. *M* Alex North. *D* PAUL NEWMAN (Jim Kane), Lee Marvin (Leonard), Strother Martin (Bill Garrett), Christine Belford (Adelita), Kelly Jean Peters (Jims Frau), Fred Graham (Herb), Wayne Rogers (Stretch Russell), Hector Elizondo (Juan), Robert Camargo (Don Tomas), Gregg Sierra (Chavarin). 102 Minuten. Technicolor.

34. **The Life and Times of Judge Roy Bean** (Das war Roy Bean)

USA 1972. *P* First Artists (John Foreman). *R* John Huston. *B* John Milius. *K* Richard Moore. *M* Maurice Jarre. *D* PAUL NEWMAN (Roy Bean), Jacqueline Bisset (Rose Bean), Ava Gardner (Lily Langtry), Tab Hunter (Sam Bob), Roddy McDowall (Frank Gass), Anthony Perkins (Rev. LaSalle), Victoria Principal (Maria Elena), Antony Zerbe (Gauner), Ned Beatty (Tector Crites), Jim Burke (Bart Jackson). 124 Minuten. Technicolor. Panavision.

35. **The Effect of Gamma Rays on Man-in-the-Moon Marigolds** (Die Wirkung von Gammastrahlen auf Ringelblumen)

USA 1972. *P* NEWMAN-Foreman (PAUL NEWMAN). *R* PAUL NEWMAN *B* Alvin Sargent (nach dem Theaterstück von Paul Zindel). *K* Adam Holender. *M* Maurice Jarre. *D* Joanne Woodward (Beatrice Hunsdorfer), Nell Potts (Matilda Hunsdorfer), Roberta Wallach (Ruth Hunsdorfer), Judith Lowry (Nanny Annie), Richard Venture (Floyd), Carolyn Coates (Mrs. McKay), Will Hare (Brocanter), Estelle Omens (Caroline), Jess Osuna (Sonny), David Spielberg (Mr. Goodman). 101 Minuten. DeLuxe-Color.

36. **The Mackintosh Man** (Der Mackintosh-Mann)

GB 1973. *P* NEWMAN-Foreman/Huston (John Foreman). *R* John Huston. *B* Walter Hill (nach Desmond Bagleys Roman »The Freedom Trap«). *K* Oswald Morris. *M* Maurice Jarre. *D* PAUL NEWMAN (Joseph Rearden), Dominique Sanda (Mrs. Smith), James Mason (Sir George Wheeler), Harry Andrews (Angus Mackintosh), Ian Bannen (Slade), Michael Hordern (Brown), Nigel Patrick (Soames-Trevelyan), Peter Vaughan (Brunskill), Roland Culver (Richter), Percy Herbert (Taafe). 105 Minuten. Technicolor. *V* Warner.

37. **The Sting** (Der Clou)

USA 1973. *P* Zanuck/Brown (Tony Bill, Michael S. Phillips). *R* George Roy Hill. *B* David S. Ward. *K* Robert Surtees. *M* Marvin Hamlisch. *D* PAUL NEWMAN (Henry Gondorff), Robert Redford (Johnny Hooker), Robert Shaw (Doyle Lonnegan), Charles Durning (William Snyder), Ray Walston (J. J. Singleton), Eileen Brennan (Billie), Harold Gould (Kid Twist), John Hefferman (Eddie Niles), Dana Elcar (Polk), Jack Kehoe (Eric Kid). 129 Minuten. Technicolor. *V* CIC.

38. **The Towering Inferno** (Flammendes Inferno)

USA 1974. *P* Warner Bros. (Irwin Allen). *R* John Guillermin, Irwin Allen. *B* Stirling Silliphant (nach Richard Martin Sterns Roman »The Tower« sowie Thomas Scortias und Frank Robins Roman »The Glass Inferno«). *K* Fred Koenekamp. *M* John Williams. *D* Steve McQueen (Michael O'Hallorhan), PAUL NEWMAN (Doug Roberts), William Holden (James Duncan), Faye Dunaway (Susan Franklin), Fred Astaire (Harlee Clayborne), Susan Blakely (Patty Simmons), Richard Chamberlain (Roger Simmons), Jennifer Jones (Liselotte Müller), O. J. Simpson (Jernigan), Robert Vaughn (Senator Gary Parker). 170 Minuten. DeLuxe-Color. Panavision. *V* Warner.

39. **The Drowning Pool** (Unter Wasser stirbt man nicht)

USA 1975. *P* Coleytown (Lawrence Turman, David Forster). *R* Stuart Rosenberg. *B* Walter Hill, Lorenzo Semple jr., Tracy Keenan Wynn (nach dem Roman von Ross MacDonald). *K* Gordon Willis. *M* Michael Small. *D* PAUL NEWMAN (Harper), Joanne Woodward (Iris), Tony Franciosa (Broussard), Murray Hamilton (Kilbourne), Richard Jaeckel (Franks), Gail Strickland (Mavis), Melanie Griffith (Schuyler), Linda Haynes (Gretchen), Paul Koslo (Candy), Andy Robinson (Pat Reavis). 108 Minuten. Technicolor. Panavision. *V* Warner.

40. **Buffalo Bill and the Indians** (Buffalo Bill und die Indianer)

USA 1976. *P* United Artists (Robert Altman). *R* Robert Altman. *B* Robert Altman, Alan Rudolph (nach dem Theaterstück von Arthur Kopit). *K* Paul Lohmann. *M* Richard Baskin. *D* PAUL NEWMAN (Buffalo Bill), Joel Grey (Nate Salsbury), Kevin McCarthy (Major John Burke), Harvey Keitel (Ed Goodman), Allan Nicholls (Prentis Ingraham), Geraldine Chaplin (Annie Oakley), John Considine (Frank Butler), Robert Doqui (Osborne Dart), Mike Kaplan (Jules Keen), Bert Remsen (Crutch). 120 Minuten. DeLuxe-Color. Panavision. *V* VPS.

41. **Silent Movie** (Silent Movie – Mel Brooks letzte Verrücktheit)

USA 1976. *P* Crossbow (Michael Hertzberg). *R* Mel Brooks. *B* Mel Brooks, Ron Clark, Rudy de Luca, Barry Levinson. *K* Paul Lohmann. *M* John Morris. *D* Mel Brooks (Mel Funn), Marty Feldman (Marty Eggs), Dom de Luise (Dom Bell), Bernadette Peters (Vilma Kaplan), Sid Caesar (Studioboß), Harold Gould (Engulf), Ron Carey (Devour), Burt Reynolds/James Caan/Liza Minnelli/Anne Bancroft/Marcel Marceau/ PAUL NEWMAN (als sie selbst). 87 Minuten. DeLuxe-Color. Panavision. *V* CBS/Fox.

42. **Slap Shot** (Schlappschuß)

USA 1977. *P* Universal (Robert J. Wunsch, Stephen Friedman). *R* George Roy Hill. *B* Nancy Dowd. *K* Victor Kemper. *M* Elmer Bernstein. *D* PAUL NEWMAN (Reggie), Strother Martin (McGrath), Michael Ontkean (Ned Braden), Jennifer Warren (Francine), Lindsay Crouse (Lily), Jerry Houser (Killer Carlson), Andrew Duncan (Jim Carr), Jeff Carlson (Jeff Hanson), Steve Carlson (Steve Hanson), David Hanson (Jack Hanson). 122 Minuten. Technicolor. *V* CIC.

43. **Quintet** (Quintett)

USA 1979. *P* Lion's Gate (Robert Altman). *R* Robert Altman. *B* Frank Barhydt, Robert Altman, Patricia Resnick (nach einem Stoff von Lionel Chetwynd). *K* Jean Boffety. *M* Tom Pierson. *D* PAUL NEWMAN (Essex), Vittoria Gassman (Saint-Christophe), Bibi Andersson (Ambrosia), Fernando Rey (Grigor), Brigitte Fossey (Vivia), Nina van Pallandt (Deuca), Tom Hill (Francha), David Langton (Goldstar), Craig Richard Nelson (Redstar), Monique Mercure (seine Freundin). 117 Minuten. DeLuxe-Color. *V* CBS/Fox.

44. **When Time Ran Out** (Der Tag, an dem die Welt unterging)

USA 1980. *P* Allen Prod. (Irwin Allen). *R* James Goldstone. *B* Carl Foreman, Stirling Silliphant (nach Gordon Thomas' und Max Morgan Witts' Roman »The Day The World Ended«). *K* Fred J. Koenekamp. *M* Lalo Schifrin. *D* PAUL NEWMAN (Hank Anderson), Jacqueline Bisset (Kay Kirby), William Holden (Shelby Gilmore), Edward Albert (Brian), Red Buttons (Francis Fendly), Barbara Carrera (Iolani), Burgess Meredith (Rene Valdez), Ernest Borgnine (Tom Conti), James Franciscus (Bob Spangler), Valentina Cortesa (Rose Valdez). 121 Minuten. Technicolor. Panavision. *V* Warner.

45. **Fort Apache, The Bronx** (The Bronx)

USA 1981. *P* Time-Life (Martin Richards, Tom Fiorello). *R* Daniel Petrie. *B* Heywood Gould. *K* John Alcott. *M* Jonathan Tunick. *D* PAUL NEWMAN (Murphy), Edward Asner (Connolly), Ken Wahl (Corelli), Danny Aiello (Morgan), Rachel Ticotin (Isabella), Pam Grier (Charlotte), Kathleen Beller (Theresa), Miguel Pincro (Hernando), Tito Goya (Detektiv), Jaime Tirelli (Jose). 125 Minuten. DeLuxe-Color. Panavision. *V* Marketing.

46. **Absence of Malice** (Die Sensationsreporterin)

USA 1981. *P* Columbia/Mirage (Sydney Pollack). *R* Sydney Pollack. *B* Kurt Luedtke. *K* Owen Roizman. *M* Dave Grusin. *D* PAUL NEWMAN (Gallagher), Sally Field (Megan), Bob Balaban (Rosen), Melinda Dillon (Teresa), Luther Adler (Malderone), Barry Primus (Waddell), Josef Sommer (McAdam), John Harkins (Davidek), Don Hood (Quinn), Wilford Brimley (Welts). 116 Minuten. DeLuxe-Color. Panavision. *V* RCA/Columbia.

47. **The Verdict** (The Verdict – Die Wahrheit und nichts als die Wahrheit)

USA 1983. *P* 20th Century Fox (Richard Zanuck, David Brown). *R* Sidney Lumet. *B* David Mamet (nach dem Roman von Barry Reed). *K* Andrzej Bartkowiak. *M* Johnny Mandel. *D* PAUL NEWMAN (Frank Galvin), Charlotte Rampling (Laura Fischer), Jack Warden (Mickey Morrissey), James Mason (Ed Concannon), Milo O'Shea (Richter Hoyle), Edward Binns (Bischof Brophy), Julie Bovasso (Maureen Rooney), Lindsay Crouse (Kaitlin Costello Price), Roxanne Hart (Sally Doneghy), James Handy (Dick Doneghy). 129 Minuten. Technicolor. Panavision. *V* CBS/Fox.

48. **Harry & Son** (Harry & Son)

USA 1984. *P* NEWMAN-Buck (PAUL NEWMAN, Ronald L. Buck). *R* PAUL NEWMAN. *B* PAUL NEWMAN, Ronald L. Buck (nach Raymond DeCapites Roman »A Lost King«). *K* Donald McAlpine. *M* Henry Mancini. *D* PAUL NEWMAN (Harry), Robby Benson (Howard), Ellen Barkin (Katie), Wilford Brimley (Tom), Judith Ivy (Sally), Ossie Davis (Raymond), Morgan Freeman (Siemanowski), Katherine Borowitz (Nina), Maury Chaykin (Lawrence), Joanne Woodward (Lilly). 117 Minuten. DeLuxe-Color. Panavision. *V* VCL.

49. **The Color of Money**

USA 1986. *R* Martin Scorsese. *B* Martin Scorsese, PAUL NEWMAN. *D* PAUL NEWMAN (Eddie Felson), Tom Cruise.

Bibliographie

Barthel, Joan: *Paul Newman: »How I Spent My Summer Vacation«; New York Times,* 22. Oktober 1967.

Bean, Robin: *Dean – Ten Years After; Films and Filming,* Oktober 1965.

Bean, Robin: *Success Begins at Forty; Films and Filming,* Januar 1966.

Berbier, Philippe: *Paul Newman,* Paris 1983.

Bergen, Candice: *The Cool-Sex Boys; New York Sunday News,* 19. März 1972.

Bergstein, Eleanor: *Advancing Paul Newman,* New York 1973.

Crawford, Robert; Regisseur: *The Making of Butch Cassidy and the Sundance Kid* (Film); 1970.

Cutts, John: *James Goldstone Interviewed; Films and Filming,* Januar 1972.

Eyles, Allen: *The Other Brando; Films and Filming,* Januar 1965.

Ferris, John: *Acting is a Painful Experience; New York World Telegram and Sun,* 12. September 1959.

Fields, Sidney: *Newman: »As Sexy as a Piece of Bacon«; New York Mirror,* 12. Juni 1959.

Gelmis, Joseph: *The Film Director as Superstar;* Doubleday & Co., New York 1971.

Godfrey, Lionel: *Paul Newman, Superstar,* New York 1979.

Godfrey, Lionel: *Tall When Thy're Small: The films of Martin Ritt; Films and Filming,* August 1968.

Goldman, William: *Butch Cassidy and the Sundance Kid,* (Drehbuch); Bantom Books, New York 1969.

Gow, Gordon: *Hollywood in the Fifties;* A. S. Barnes & Co., New York 1971.

Gow, Gordon: *Involvement; Films and Filming,* März 1973.

Guerif, François: *Paul Newman,* Paris 1975.

Hamblett, Charles: *Paul Newman,* Chicago 1975.

Herridge, Frances: *Desperate Hours; New York Post,* 18. Juli 1955.

Higham, Charles: *Paul Newman Gets High on Speed; New York Times,* 18. April 1971.

Hughes, Robert, Regisseur: *Arthur Penn (1922–): Themes and Variations* (Film). 1970.

Kael, Pauline: *I Lost It at the Movies;* Bantam Books, New York 1966.

Kauffmann, Stanley: *A World on Film;* Delta, New York 1967.

Kauffmann, Stanley: *Figures of Light;* Harper & Row, New York 1971.

Landry, J. C.: *Paul Newman,* London 1983.

Lewis, Grover: *The Redoubtable Mr. Newman; Rolling Stone,* 5. Juli 1973.
Lewis, Richard Warren: *Paul Newman Makes a Western; New York Times Magazine,* 6. November 1966.
Maas, Peter: *Newman Scores a K. O.;* Colliers, 20. Juli 1956.
Mc Vay, Douglas: *The Best and Worst of Martin Ritt; Films and Filming,* Dezember 1964.
Milius, John: *The Life and Times of Judge Roy Bean* (Drehbuch); Bantam Books, New York 1973.
Morgan, Al: *New Breed of Screen Lover; Show Business Illustrated,* Februar 1962.
Quirk, Lawrence J.: *The Films of Paul Newman;* Citadel Press, New York 1971.
Rigdon, Walter, Redakteur: *The Biographical Encyclopedia of Who's; Who of the American Theatre;* James H. Heineman, New York 1965.
Sarris, Andrew: *Confessions of a Cultist;* Simon & Schuster, New York 1971.
Scott, Vernon: *Similarity? Paul Newman Resents Marlon Brando Tag; Newark Evening News,* 4. November 1958.
Sherman, Eric und Rubin, Martin: *The Director's Event;* Atheneum, New York 1970.
Thomas, Tony: *Ustinov in Focus;* A. S. Barnes & Co., New York 1971.
Thompson, Kenneth: *The Films of Paul Newman,* London 1973.
Truffaut, François: *Hitchcock;* Simon & Schuster, New York 1967.
Walker, Alexander: *Stardom, The Hollywood Phenomenon;* Stein & Day, New York 1970.
Wilson, Earl: *Popcorn, Beer and Pop; New York Post,* 3. Mai 1959.
Wilson, Jane: *What If My Eyes Turn Brown?; Saturday Evening Post,* 24. Februar 1968.
Wood, Robin: *Arthur Penn;* Praeger Inc., New York 1970.
Wood, Robin: *Hitchcock's Films;* Paperback Library, New York 1970.

Register

HEYNE TASCHENBÜCHER

zu Film und Fernsehen

01/7627

01/6993

01/6996

01/7842

06/4682

01/6997

19/55

01/7968